Vocabulario Básico del Francés

Vocabulario Básico del Francés

Más de 4000 palabras y expresiones organizadas por temas.

LAROUSSE

ES UNA OBRA

LAROUSSE

SPES EDITORIAL, S.L.
C/ Aribau, 197-199, 3ª, 08021 Barcelona
larousse@larousse.es/www.larousse.es

ISBN 84-8016-490-5
Depósito legal: B. 5.446-2002
Impresión: Hurope, S.L.
Impreso en España - Printed in Spain

ÍNDICE DE MATERIAS

PRESENTACIÓN

Vocabulario básico del francés contiene, clasificadas por temas (32), más de 3 400 palabras de uso común en el francés de hoy en día para todos aquellos que aprenden esta lengua y quieren adquirir un vocabulario práctico y actual. La obra está dirigida tanto a los alumnos de colegios e institutos como a los estudiantes universitarios o a los adultos deseosos de refrescar sus conocimientos de francés o de reciclarse.

De todos es sabido el poder de la imagen y su función pedagógica. Por ello, la ilustración que acompaña a este vocabulario ha sido concebida para hacer «vivir» las palabras —al menos algunas de ellas— en pequeñas escenas a menudo humorísticas que permitan memorizarlas mejor.

Bajo las listas de vocabulario aparecen varios recuadros con información diversa: frases de uso corriente en la conversación para situar las palabras en su contexto, giros idiomáticos, proverbios y observaciones de todo tipo.

En cuanto al vocabulario propiamente dicho, se halla repartido en 32 capítulos y 108 subcapítulos referidos a campos léxicos progresivamente más abstractos; el capítulo introductorio recoge palabras y expresiones clave, indispensables en la conversación. A diferencia de ciertas obras de este tipo, que tratan de forma separada sustantivos, adjetivos y verbos, a menudo por orden alfabético, aquí se agrupan los términos por analogía y siguiendo un orden lo más lógico posible (siendo el «orden» alfabético ilógico por naturaleza). Subrayemos finalmente que si bien en este léxico se ha limitado de forma voluntaria el número de palabras, pueden encontrarse las más usuales de la lengua actual, en especial las que se refieren al medio ambiente, los medios de comunicación, las nuevas tecnologías, etc.

Corresponde ahora al lector juzgar si nuestra selección de palabras, y nuestra voluntad de insuflarles vida mediante las ilustraciones y las numerosas observaciones que las acompañan responden a sus expectativas.

J.-P. V.

Notas

Las ilustraciones: los números que figuran en las ilustraciones remiten a las palabras del capítulo seguidas de esos mismos números.

En cuanto a las traducciones, la coma separa los sinónimos y el punto y coma las diferentes acepciones de la palabra.

Únicamente se dan las formas masculinas de los adjetivos. Por regla general, en la lengua escrita el femenino de los adjetivos se forma añadiendo una -e a la terminación del masculino.

FAM significa familiar; *pl.* plural.

c'est ça	eso es
et	y, e
ou	o, u
mais	pero
cependant	sin embargo
avec	con
sans	sin
comme	como
aussi	también
non plus	tampoco
au contraire	al contrario
par contre	en cambio
en revanche	en cambio
malgré	a pesar de
ça ne fait rien	no importa
peu importe	no tiene importancia
quel dommage!	¡qué lástima!
heureusement	menos mal, por suerte
tant mieux!	¡mejor!, ¡tanto mejor!
c'est-à-dire	es decir
parce que	porque

Ça va? empleado como pregunta en tono coloquial equivale en español a '¿qué tal?' o '¿cómo estás?', pero no debe confundirse con la expresión formal *comment allez-vous?* (¿cómo está usted?).

No se debe confundir *ou* (conjunción) y *où* (adverbio):

on a besoin d'un homme ou d'une femme (hace falta un hombre o una mujer); *où se trouve sa maison?* (¿dónde está su casa?).

Los tipos de oración interrogativa:

tu vas à la plage? (subiendo la entonación); *vas-tu à la plage?* (inversión del sujeto y verbo); *Est-ce que tu vas à la plage?* (¿Vas a la playa?).

La primera y tercera formas se utilizan sobre todo en el lenguaje oral y la segunda en el lenguaje escrito.

1 MOI ET LES AUTRES (yo y los demás)

❑ L'identité	❑ *La identidad*
le nom (de famille)	el apellido
le prénom	el nombre (de pila)
s'appeler	llamarse
comment vous appelez-vous?	¿cómo se llama (usted)?
je m'appelle...	me llamo...
l'âge	la edad
le sexe	el sexo
la nationalité	la nacionalidad
je suis français/espagnol	soy francés/español
étranger 1	extranjero, forastero
le domicile	el domicilio
l'adresse	la dirección
j'habite (à) Toulouse	vivo en Toulouse
le numéro de téléphone	el número de teléfono
la carte d'identité	el carné de identidad
le passeport	el pasaporte
les papiers (d'identité)	la documentación
célibataire	soltero, soltera
marié, mariée	casado, casada
veuf	viudo
veuve	viuda
monsieur	señor
madame	señora
mademoiselle	señorita
la signature	la firma
signer 2	firmar

10
11
4
3
5
1
8
9
12
13
7
6
2

En Francia, sólo se tiene un apellido que por regla general corresponde al del padre. La mujer casada puede conservar su apellido de soltera o bien sustituirlo por el de su marido, lo que suele ser muy frecuente.
Monsieur, madame, mademoiselle se abrevian *M., Mme.* y *Mlle.*
Según el caso, se utiliza una preposición diferente después del verbo *habiter* mientras que en castellano sólo se usa «en». Si se trata de un nombre de país, aparece la preposición *en* (nombre femenino), *au* (nombre masculino) o *aux* (nombre plural):

elle habite en France (vive en Francia), *tu habites au Japon* (vives en Japón), *il habite aux États-Unis* (vive en los Estados Unidos).

Si se trata de un nombre de ciudad, hace falta la preposición *à* (que también se puede omitir):

nous habitons (à) Lyon (vivimos en Lyon).

Con los nombres de calle, no se utiliza ninguna preposición:

elle habite rue Liberté ([ella] vive en la calle Liberté).

❑ **L'être humain**	❑ *El ser humano*
l'homme 3	el hombre
la femme 4	la mujer
le bébé 5	el bebé
l'enfant	el niño, la niña
le petit garçon 6	el niño
la petite fille 7	la niña
l'enfance	la infancia
le garçon	el chico, el muchacho
la fille	la chica, la muchacha
le gamin	el chaval
le gosse	el chaval
le jeune homme	el joven
la jeune fille	la joven
les jeunes	los jóvenes
jeune	joven
la jeunesse	la juventud
l'adolescence	la adolescencia

l'adulte	el adulto
mineur	menor de edad
majeur	mayor de edad
le vieillard	el anciano
la vieille femme	la anciana
vieux, vieille	viejo, vieja
la vieillesse	la vejez
naître	nacer
vivre	vivir
vivant	vivo
la vie	la vida
mourir	morir
il est mort	ha muerto
la mort	la muerte
l'enterrement	el entierro

Un proverbe: si jeunesse savait, si vieillesse pouvait (literalmente, si la juventud supiese, si la vejez pudiera).
Observe:
une dame très âgée (una señora muy mayor); *il est majeur* ([él] es mayor de edad); *elle est mineure* ([ella] es menor de edad); *qu'est-ce que tu aimerais être quand tu seras grand(e)?* (¿qué te gustaría ser de mayor?); *moi, quand je serais grand(e), je veux être...* (yo de mayor quiero ser...). *C'est la vie!* (¡así es la vida!)

❑ La famille 1 — ❑ *La familia 1*

le père 8	el padre
la mère 9	la madre
le papa	el papá
la maman	la mamá
les parents	los padres
paternel	paterno
maternel	materno
le fils	el hijo
la fille	la hija
les enfants	los hijos

le frère	el hermano
la sœur	la hermana
aîné	mayor, primogénito
cadet	menor, benjamín
la parenté	el parentesco
le grand-père 10	el abuelo
la grand-mère 11	la abuela
les grands-parents	los abuelos
le petit-fils	el nieto
la petite-fille	la nieta
les petits-enfants	los nietos
l'oncle	el tío
la tante	la tía
le neveu	el sobrino
la nièce	la sobrina
le cousin	el primo
la cousine	la prima
le parrain	el padrino
la marraine	la madrina
le filleul, la filleule	el ahijado, la ahijada
le fiancé, la fiancée	el novio, la novia
tomber amoureux de	enamorarse
familial	familiar

Attention!: en plural *les parents* designa al padre y la madre; los parientes puede traducirse como *les membres de la famille* (en sentido amplio); en singular, *un proche parent* (un pariente cercano); *un parent éloigné* (un pariente lejano).

Observe:

ma sœur aînée (mi hermana mayor); *je suis le plus jeune de mes frères (et sœurs)* [soy el menor de mis hermanos]; *mon petit frère* (mi hermanito).

Le (la) petit(e) ami(e) [el novio, la novia (en sentido poco formal)]; *voyage de noces* (viaje de novios, luna de miel); *les fiançailles* (la petición de mano); *se fiancer* (prometerse).

❑ La famille 2	❑ *La familia 2*
se marier	casarse
les jeunes mariés	los recién casados
le mariage	el matrimonio
la noce	la boda
le ménage	la pareja, el matrimonio
le mari	el marido
la femme	la mujer
l'époux 12	el esposo, el marido
l'épouse 13	la esposa, la mujer
le couple	la pareja
le beau-père	el suegro
la belle-mère	la suegra
les beaux-parents	los suegros
le gendre	el yerno
la belle-fille	la nuera
le beau-frère	el cuñado
la belle-sœur	la cuñada
elle est enceinte	está embarazada
la grossesse	el embarazo
nourrir	criar
élever	criar, educar
éduquer	educar
l'éducation	la educación
mal élevé	maleducado
l'orphelin	el huérfano
adopter	adoptar
se disputer	reñir
le divorce	el divorcio
divorcer	divorciarse
ils ont divorcé	se han divorciado

Un proverbe: *qui se rassemble, s'assemble* (literalmente, quien se parece, se junta; es decir, Dios los cría y ellos se juntan). *Mariage* tiene tanto el sentido de 'matrimonio' (unión legal) como de boda (ceremonia):
→

> *assister au mariage d'un ami* (asistir a la boda de un amigo); *cadeau de mariage* (regalo de boda).
>
> *Noce* también puede traducirse como 'boda':
> *les noces d'or* (las bodas de oro); *Les noces de Figaro* (Las bodas de Figaro).
>
> *Attention!*: a su vez, un matrimonio (una pareja casada) se traduce como un *ménage*: *un ménage sans enfants* (un matrimonio sin hijos). ¡Pero ojo!: *une femme de ménage* es... una mujer de la limpieza.
>
> En Francia no es posible celebrar un matrimonio religioso si previamente no se ha celebrado por lo civil.
>
> Casarse de noche (frecuentemente a medianoche) era muy corriente en la alta sociedad del siglo XVIII y principios del siglo XIX.
>
> *Marier* tiene también un sentido figurado. Significa combinar:
> *marier les couleurs* (combinar los colores).

❑ **La vie sociale, les gens**	❑ *La vida social, la gente*
la réunion	la reunión
se réunir	reunirse
se rassembler	juntarse
la réunion (d'amis)	la tertulia
inviter	convidar, invitar
la fête	la fiesta
l'anniversaire	el cumpleaños
le jour du saint patron	el santo
célébrer	celebrar
fêter	celebrar, festejar
féliciter	felicitar
mes félicitations!	¡mi enhorabuena!
l'ami	el amigo
le camarade	el compañero
les relations	las amistades
les copains	los amigos
la surprise-partie	el guateque
le cadeau	el regalo
offrir	regalar
faire cadeau de	regalar

donner	dar
le rendez-vous	la cita
se donner rendez-vous	citarse
la visite	la visita
la rencontre	el encuentro
la commission	el recado, el mensaje
le succès	el éxito
la renommée	la fama
célèbre	famoso
la coutume	la costumbre
s'habituer	acostumbrarse
avoir l'habitude de	soler

Les présentations (las presentaciones):

– *je vous présente mon frère Jean* (le presento a mi hermano Jean);

– *enchanté de vous connaître* (mucho gusto [de conocerle]);

– *enchanté* (el gusto es mío [respuesta]);

– *ravi d'avoir fait votre connaissance* (ha sido un placer [conocerle]).

Attention!: la gente, en francés, es masculino plural, *les gens*: *les gens sont comme ça* (la gente es así).

Las palabras de uso coloquial *un copain, une copine* no tienen un equivalente exacto en español:

un vieux copain (un amigo de toda la vida); *ma meilleure copine* (mi mejor amiga); *mes copains de classe* (mis compañeros de curso).

Pendre la crémaillère: inaugurar la casa con una fiesta.

Una fiesta organizada por adolescentes a partir de la tarde-noche y donde se baila se llama *une boum*.

2 DÉCRIRE (describir)

❑ L'aspect physique 1 — ❑ *El aspecto físico 1*

l'apparence	la apariencia
la dimension	la dimensión
la taille	el tamaño
la grandeur	el tamaño
la hauteur	la altura
haut 1	alto
la longueur	la longitud
long	largo
la largeur	la anchura
large	ancho
la profondeur	la profundidad
profond	profundo
bas	bajo; pequeño [una persona]
court	corto
grand	grande; alto [una persona]
petit 2	pequeño; bajo [una persona]
droit	recto
plat	llano
tordu	torcido
plié	doblado
épais	espeso
gros 3	gordo, grueso
mince 4	delgado
maigre	flaco
étroit	estrecho
entier	entero
normal	normal
énorme	enorme
immense	inmenso

11
8
9
5
A
B
C
D
6
1
2
7
3
12
10

gigantesque	gigantesco
minuscule	minúsculo

Attention!: *long* significa 'largo', no debe pues confundirse con *large* (ancho).
Grand se traduce por 'alto' cuando se refiere al tamaño (*une grande femme*, una mujer alta), y por 'grande' (después del sustantivo) cuando indica la dimensión (*une grande salle*, una sala grande).
Attention!: los sufijos diminutivos *-ito*, *-ita*, y aumentativos *-ón*, *-ona*, no tienen un equivalente de uso tan frecuente en francés: *une petite maison* (una casita, aunque también podría decirse *une maisonette*).

❑ L'aspect physique 2 — ❑ *El aspecto físico 2*

être	ser
exister	existir
l'existence	la existencia
la réalité	la realidad
réel	real
concret	concreto
solide	sólido
la présence	la presencia
paraître	parecer
sembler	parecer
le changement	el cambio
changer	cambiar
se transformer	transformarse
devenir	volverse, ponerse, hacerse
résulter	resultar
la différence	la diferencia
différent	diferente
distinct	distinto
la variété	la variedad
varié	variado
égal	igual
beau	hermoso

joli	bonito
mignon	mono
attirant	atractivo
séduisant	atractivo, seductor
laid	feo
ridicule	ridículo
commun	común
courant	corriente
vulgaire	vulgar
rare	raro
bizarre	chocante, raro
curieux	curioso
étrange	extraño
extraordinaire	extraordinario
exceptionnel	excepcional

Observe:

avoir de jolies jambes (tener piernas bonitas); *avoir de jolis traits* (tener rasgos bonitos); *se faire la belle* (tomar las de Villadiego); *de plus belle* (con más fuerza que antes): *je lui ai dit la vérité et elle a recommencé à pleurer de plus belle* (le he dicho la verdad y a vuelto a llorar con más fuerza que antes).

Attention!: c'est du joli! (expresión de desaprobación).

FAM → *faire bonne/mauvaise mine* (tener buen/mal aspecto).

Observe:

laid comme un pou (literalmente, feo como un piojo; más feo que Picio).

Si bon lui semble, comme bon lui semble (si le parece bien); *ce me semble, me semble-t-il* (en mi opinión).

❑ Formes et couleurs — ❑ *Formas y colores*

la chose	la cosa
l'objet	el objeto
la figure 5	la figura
le cercle 6	el círculo
circulaire	circular

la sphère	la esfera
rond	redondo
carré	cuadrado
le carré 7	el cuadrado
le rectangle 8	el rectángulo
le triangle	el triángulo
l'angle 9	el ángulo
la base	la base
le côté	el lado
la pointe	la punta
pointu	puntiagudo
ovale	ovalado, oval
le trou	el agujero
la couleur	el color
blanc 10	blanco
noir 11	negro
gris 12	gris
jaune	amarillo
orange	naranja
bleu	azul
rouge	rojo
rose	rosa
vert	verde
marron	marrón
obscur	oscuro
sombre	oscuro
foncé	oscuro
clair	claro
brillant	brillante
pâle	pálido

Observe:

bleu clair, ciel (azul claro, celeste); *vert foncé* (verde oscuro); *une photo en noir et blanc* (una foto en blanco y negro); *voir tout en rose* (verlo todo color de rosa).

Attention!: la palabra *couleur* es femenina:

les couleurs nationales (los colores nacionales); *passer par toutes les couleurs* (ponerse de mil colores).

→

Observe:

rougir (sonrojarse, ponerse rojo).

Los adjetivos simples de color concuerdan con el nombre al cual se refieren: *une table verte* (una mesa verde). Si la palabra que designa el color es un nombre común utilizado como adjetivo, entonces es invariable: *des chaises marron* (sillas marrones), *des jupes orange* (faldas naranjas...).

En general los adjetivos de color son invariables cuando se juntan dos, tres o más:

des tons gris-bleu (tonos gris azules) [nótese el guión entre los dos colores], *des cravates rouge et bleu* (corbatas rojas y azules).

Pero escribimos *jaune citron, jaune paille, vert olive*... el guión no hace falta porque se trata de una elipsis (amarillo como el limón, como la paja, verde como la aceituna...).

3 LE CORPS HUMAIN (el cuerpo humano)

❑ La tête	❑ *La cabeza*
le crâne	el cráneo
le cerveau	el cerebro
le visage	la cara, el rostro
le front	la frente
l'œil, les yeux	el ojo, los ojos
la paupière	el párpado
le cil	la pestaña
le sourcil	la ceja
le nez	la nariz
la bouche	la boca
la lèvre	el labio
la dent	el diente, la muela
la langue 1	la lengua
le palais	el paladar
l'oreille 2	la oreja
la joue	la mejilla
le menton	la barbilla
la barbe	la barba
la moustache	el bigote
le poil	el pelo
les cheveux 3	el cabello, el pelo
châtain	castaño
brun	moreno
blond	rubio
frisé	rizado
chauve	calvo
le cou 4	el cuello
la gorge	la garganta
la nuque 5	la nuca

14
15
16
1
2

3
5
4
6
13
8
11
9
12
7
10

L'œil (el ojo): *ouvrir/fermer les yeux* (abrir/cerrar los ojos); *à vue d'œil* (a ojos vistas); *cela saute, crève les yeux* (salta a la vista); *avoir bon pied, bon œil* (gozar de una buena salud); *coûter les yeux de la tête* (valer un ojo de la cara).
Observe:
ne pas fermer l'œil (de la nuit) [no pegar ojo (en toda la noche)].
Le nez (la nariz): *un nez en trompette* (una nariz respingona); *se boucher le nez* (taparse las narices); *se trouver nez à nez* (encontrarse cara a cara).
L'oreille (la oreja, el oído): *tendre l'oreille* (aguzar el oído); *faire la sourde oreille* (hacer oídos sordos).
Les dents (los dientes, las muelas): *mal aux dents* (dolor de muelas); *dent de sagesse* (muela del juicio); *claquer des dents* (dar diente con diente).
Observe:
avoir une dent contre quelqu'un (tenerle manía a alguien); *avoir les dents longues* (ser ambicioso).
Les cheveux (los cabellos, el pelo): *la chûte des cheveux* (la caída del pelo); *avoir les cheveux plats/frisés/secs/gras* (tener el pelo liso/rizado/seco/graso).
Rire dans sa barbe: reírse, burlarse sin que lo parezca.
FAM → *La barbe!, Quelle barbe!* se dice cuando uno está aburrido o impaciente.

❑ **Les membres**	❑ *Los miembros*
le bras	el brazo
le coude 6	el codo
le poignet 7	la muñeca
la main 8	la mano
le doigt	el dedo
le pouce	el pulgar
l'index	el índice
le petit doigt	el meñique
l'ongle	la uña
la paume	la palma
le poing	el puño
être gaucher	ser zurdo
être droitier	ser diestro

l'épaule	el hombro
hausser les épaules	encogerse de hombros
la hanche	la cadera
la jambe 9	la pierna
la cuisse 10	el muslo
le genou 11	la rodilla
se mettre à genoux	ponerse de rodillas
s'agenouiller	arrodillarse
le mollet	la pantorrilla
la cheville	el tobillo
le pied 12	el pie
le talon	el talón

Observe:

un coup de coude (un codazo); *un coup de genou* (un rodillazo); *un coup de poing* (un puñetazo); *un coup de pied* (una patada).

La main (la mano): *peint à la main* (pintado a mano); *une poignée de main* (un apretón de manos); *tu me donnes un coup de main?* (¿me echas una mano?); *tendre la main* (alargar la mano).

Le pied (el pie): *aller à pied* (ir a pie); *de la tête aux pieds* (de pies a cabeza); *ça vous fera les pieds* (así aprenderéis, os servirá de lección); *être pieds nus* (estar descalzo).

Observe:

le talon d'Achille (el talón de Aquiles).

❑ **Le tronc**	❑ *El tronco*
la poitrine 13	el pecho
les seins	los pechos, los senos
le dos 14	la espalda
le ventre 15	el vientre
le derrière	el trasero
les fesses 16	las nalgas
la peau	la piel
la ride	la arruga
la chair	la carne

l'os	el hueso
le squelette	el esqueleto
la colonne vertébrale	la columna vertebral
le nerf	el nervio
le muscle	el músculo
le sang	la sangre
le cœur	el corazón
le poumon, les poumons	el pulmón, los pulmones
respirer	respirar
l'estomac	el estómago
digérer	digerir
le foie	el hígado
les reins	los riñones
la taille (la stature)	la altura, la estatura
mince	delgado
maigrir (de 2 kilos)	adelgazar (2 kilos)
maigre	flaco
svelte	esbelto
gros	gordo
grossir (de 2 kilos)	engordar (2 kilos)
grandir	crecer
il a beaucoup grandi	ha crecido mucho
vieillir	envejecer

Un proverbe: *loin des yeux, loin du cœur* (ojos que no ven, corazón que no siente).
Attention!: *donner le sein* (dar el pecho).
Le dos es la espalda (no debe confundirse con *l'épaule*, el hombro); *tomber sur le dos, à la renverse* (caer de espaldas), *tourner le dos* (volver la espalda).
Le cœur (el corazón): *le cœur bat* (el corazón late); *je t'en remercie du fond du cœur* (te lo agradezco de corazón); *je veux en avoir le cœur net* (quiero salir de dudas).
Le sang (la sangre): *le sang circule dans les veines et dans les artères* (la sangre circula por las venas y las arterias); *donneur de sang* (donante de sangre); *de sang-froid* (a sangre fría).

❑ **Les sens, les sensations**	❑ *Los sentidos, las sensaciones*
la vue	la vista
voir	ver
regarder	mirar
le regard	la mirada
jeter un coup d'œil sur...	echar un vistazo/una ojeada a ...
apercevoir	divisar, percibir
aveugle	ciego
l'ouïe	el oído
entendre	oír
écouter	escuchar
sourd	sordo
l'odorat	el olfato
sentir	oler
ça sent bon/mauvais	huele bien/mal
l'odeur	el olor
le goût	el gusto
la saveur	el sabor, el gusto
avoir un goût de	saber a
savourer	saborear, paladear
le toucher	el tacto
toucher	tocar
doux	suave [al tacto]; dulce
sucré	dulce, azucarado
mou	blando
dur	duro
rugueux	rugoso
âpre	áspero
agréable	agradable
le réflexe	el reflejo
éprouver	experimentar; sentir
apprécier	apreciar

Observe:

une odeur de friture (un olor a frito/a fritanga); *tu sens le tabac* (hueles a tabaco); *un goût de citron* (un sabor a limón); *cette liqueur a un goût d'orange* (este licor sabe a naranja).

«Gustar» se traduce por *aimer* o *plaire*:

cette odeur me plait, j'aime cette odeur (me gusta este olor); *j'aime les voyages* (me gustan los viajes); *mon frère aime le football* (a mi hermano le gusta el fútbol); *je n'ai pas aimé sa façon de parler, sa façon de parler ne m'a pas plu* (no me ha gustado su modo de hablar).

4 LES VÊTEMENTS (la ropa)

❑ Les vêtements 1	❑ *La ropa 1*
les vêtements	la ropa
le linge	la ropa interior, la lencería; la ropa blanca; la colada
la robe 1	el vestido
le costume	el traje
le pantalon 2	el pantalón
les jeans	los tejanos, los vaqueros
la poche 3	el bolsillo
la jupe 4	la falda
la chemise	la camisa
le chemisier 5	la blusa camisera
le corsage	la blusa
le col 6	el cuello
la manche 7	la manga
le polo	el polo
le pull 8	el jersey
le gilet 9	el cárdigan; el chaleco
la veste	la chaqueta, la americana
le blouson 10	la cazadora
le survêtement	el chándal
le manteau 11	el abrigo
le pardessus	el gabán
l'imperméable 12	el impermeable
la gabardine	la gabardina
la cape	la capa
s'habiller	vestirse
mettre	ponerse
porter	llevar
enlever	quitarse
ôter	quitarse
se déshabiller	desnudarse

LAINE ET ACRYLIQUE
JUPES
36 €
Fête de la MODE!
PANTALONS
48 €
SOIE NATURELLE
LIN 70%
FLANELLE
COTON 100%
1
2
4
5
6
8
9
12
15
16
17
23

C'EST VOTRE TAILLE MADAME. ÇA VOUS VA TRÈS BIEN
ÇA ME VA BIEN?
I ♥ ROCK

nu	desnudo
se changer	cambiarse
essayer	probarse

Prêt-à-porter, literalmente 'listo para llevar puesto', es un término que también se emplea en castellano, contrapuesto a *la haute couture* (la alta costura).
Observe:
un tailleur (un traje sastre, falda y chaqueta); *une veste croisée/droite* (una chaqueta cruzada/recta).
Est-ce que je peux essayer cette jupe/cette mini-jupe?, ¿puedo probarme esta falda/esta minifalda?; *où est la cabine d'essayage?* (¿dónde está el probador?).

❑ **Les vêtements 2**	❑ *La ropa 2*
les sous-vêtements	la ropa interior
le linge de corps	la lencería
le tricot de corps	la camiseta [ropa interior]
le tee-shirt	la camiseta
le caleçon	los calzoncillos largos
le slip	los calzoncillos [de hombre]; las braguitas [de mujer]
la culotte	las bragas
le soutien-gorge	el sujetador, el sostén
la chaussette, les chaussettes	el calcetín, los calcetines
le bas	la media
le collant	el panty
la chaussure 13	el zapato
le soulier	el zapato
une paire de chaussures	un par de zapatos
l'espadrille	la alpargata
la sandale	la sandalia
le mocassin	el mocasín
la botte 14	la bota
la pantoufle	la zapatilla

pied nu	descalzo
le pyjama	el pijama
la chemise de nuit	el camisón
la robe de chambre	la bata
usé	usado; ajado
serré	ceñido
moulant	ceñido
ample	amplio, holgado
tenir chaud	abrigar
se couvrir	abrigarse
s'arranger	arreglarse
se déguiser en	disfrazarse de
aller bien/mal	sentar bien, mal

Observe:

Il ôta son manteau et ses chaussures (se quitó el abrigo y los zapatos). Nótese el empleo del posesivo, a diferencia de lo que sucede en español.

Les chaussures: l'industrie de la chaussure (la industria del calzado); *des chaussures de femme/à talon haut* (zapatos de señora/de tacón alto); *des bottes en caoutchouc/de cavalier* (botas de goma/de montar); *chaussures de ski* (botas de esquí); *des chaussures de sport/de basket/de tennis* (zapatillas deportivas/de baloncesto/de tenis); *je chausse du 37* (calzo un 37).

Observe:

les collants, los panties.

❑ La mode, les accessoires	❑ *La moda, los complementos*
c'est à la mode	está de moda
démodé	pasado de moda
l'élégance	la elegancia
élégant	elegante
un défilé de mannequins	un desfile de modelos
le chapeau	el sombrero

le béret	la boina
la casquette 15	la gorra
le bonnet	el gorro
le cache-nez	la bufanda
l'écharpe	la bufanda
le gant 16	el guante
la ceinture 17	el cinturón
la cravate	la corbata
le mouchoir 18	el pañuelo
l'éventail	el abanico
le parapluie 19	el paraguas
l'ombrelle	la sombrilla
le sac (à main) 20	el bolso
le porte-monnaie	el monedero
le portefeuille	la cartera
les lunettes 21	las gafas
le bijou	la joya
le diamant	el diamante
la perle	la perla
la broche	el broche
le collier 22	el collar
la boucle d'oreille	el pendiente
le bracelet	la pulsera
le pendentif	el colgante
la bague	la sortija
l'anneau	el anillo

Observe:

être assorti (hacer juego); *chemisier assorti à la jupe* (blusa que hace juego con la falda); *ceinture assortie/coordonnée* (cinturón a juego).

Un bracelet en or (una pulsera de oro); *une montre-bracelet* (un reloj de pulsera).

En el lenguaje de la moda son numerosas las palabras de origen francés. He aquí algunas fácilmente reconocibles: *prêt-à-porter, une écharpe, un foulard, une blouse, le popelin, le piqué, la crêpe.*

❑ **Tissus et couture**	❑ *Tejidos y costura*
le tissu	el tejido
la toile	la tela
l'étoffe	la tela
le drap	el paño
le coton	el algodón
la laine	la lana
le velours	el terciopelo
le velours côtelé	la pana
le nylon	el nailon
l'acrylique	el acrílico
la soie	la seda
imprimé	estampado
uni	liso
à rayures	a rayas
à carreaux	a cuadros
la dentelle	el encaje
le cuir	el cuero
la peau	la piel, el cuero
le bouton 23	el botón
agrafer	abrochar
boutonner	abotonar
attacher	abrochar
la fermeture Éclair 24	la cremallera
le tailleur	el sastre
la mesure	la medida
sur mesure	a medida
la taille	la talla
l'épingle	el alfiler
l'aiguille	la aguja
le fil	el hilo
coudre	coser
tricoter	hacer punto
les tricots	las prendas de punto
la bonneterie	los géneros de punto
les ciseaux	las tijeras
tisser	tejer

Observe:

boutonner (abotonar, abrochar); *il boutonna sa gabardine* (se abrochó la gabardina); *déboutonner* (desabrochar); *un œillet à la boutonnière* (un clavel en el ojal).

Un grand couturier (un gran modisto o diseñador de moda); *tricoter* (hacer punto); *elle tricote une écharpe* (hace una bufanda de punto); *un bonnet en tricot* (un gorro de punto); *la bonneterie* (géneros de punto).

Locuciones:

chercher une aiguille dans une botte de foin (buscar una aguja en un pajar); *de fil en aiguille* (pasando de un tema a otro); *ne tenir qu'à un fil* (estar pendiente de un hilo).

FAM → *ne pas avoir inventé le fil à couper le beurre* (literalmente, no haber inventado el hilo de cortar la mantequilla; no haber inventado la pólvora).

5 MANGER ET BOIRE (comer y beber)

❑ **La préparation des repas**	❑ *La preparación de las comidas*
le repas	la comida
la faim	el hambre
j'ai très faim	tengo mucha hambre
affamé	hambriento
rassasié	lleno, satisfecho
cuisiner	cocinar
la casserole	el cazo
la poêle	la sartén
la marmite	la olla
la cocotte	la olla
la Cocotte-minute	la olla a presión
l'autocuiseur	la olla a presión
le couvercle	la tapa
couvrir	cubrir, tapar
boucher	tapar
le gril	la parrilla
grillé	a la parrilla
le plat	el plato; la fuente
la recette	la receta
préparer	preparar
couper	cortar
éplucher	pelar
hacher	picar
farcir	rellenar
assaisonner	condimentar, sazonar
mélanger	mezclar
(faire) cuire	cocer
(faire) chauffer	calentar
(faire) bouillir	hervir
(faire) frire	freír

Tu n'es donc pas au régime aujourd'hui!
SEL
BIÈRE
VIN ROUGE
VIN ROSÉ
1
2
3
5
6
7
8
9
10
11
12
13
14
15
16
17
18
19
20
21

frit	frito
(faire) rôtir	asar
le rôti	el asado
(faire) griller	tostar; asar

Extractos de un recetario:
faites cuire un chou (se cuece una col); *faites bouillir un litre de lait* (se hierve un litro de leche); *faites frire deux oignons* (se fríen dos cebollas).
Observe:
de la viande hachée (carne picada); *un poulet rôti* (un pollo asado).
Une cocotte-minute (una olla a presión); *un four micro-ondes* (un horno microondas).
Una receta *(une recette)* – *Les truffes au chocolat* (las trufas de chocolate): *Faites fondre le chocolat coupé en morceaux au bain-marie, avec le sucre et le beurre* (funda el chocolate troceado al baño maría, con el azúcar y la mantequilla), *quand le mélange est tiède, ajoutez les jaunes d'œufs et la crème et laissez au congélateur jusqu'à ce qu'il devienne dur* (cuando la mezcla esté tibia, añada las yemas y la nata y métala en el congelador hasta que se endurezca), *faites des boulettes* (déle forma de bolitas).

❑ Les repas, les couverts — ❑ *Las comidas, los cubiertos*

le petit déjeuner	el desayuno
prendre le petit déjeuner	desayunar
le déjeuner	el almuerzo, la comida
déjeuner	almorzar, comer
le goûter	la merienda
goûter	merendar
le dîner	la cena
dîner	cenar
la bouchée	el bocado
mettre la table	poner la mesa
la nappe	el mantel

le dessous-de-plat	el salvamanteles
la serviette 1	la servilleta
l'assiette 2	el plato
le plat	el plato; la fuente
la fourchette 3	el tenedor
la cuillère, la cuiller 4	la cuchara
la petite cuillère	la cucharilla
le couteau 5	el cuchillo
le verre 6	el vaso
la coupe	la copa
la tasse 7	la taza
la soucoupe	el platillo
le bol 8	el tazón
le plateau	la bandeja
le pichet 9	la jarra
la carafe	la garrafa
servir	servir
prendre	tomar

Observación:
à table! (¡a comer!).
Bon appétit corresponde en castellano a '¡que aproveche!' o '¡buen provecho!'.
Une assiette (un plato): *une assiette plate* (un plato llano); *une assiette creuse/à soupe* (un plato hondo/sopero); *un plat délicieux* (un plato delicioso); *une soucoupe* (un platillo).
Au restaurant (en el restaurante): *les hors-d'œuvre* (los entremeses); *les entrées* (los entrantes, el primer plato); *le plat principal* (el segundo plato); *le dessert* (el postre).
La expresión figurada *en avoir ras le bol* podría traducirse entre 'la gota que colma el vaso' y 'estar hasta la coronilla'.
FAM → *boire la tasse* (tragar agua sin querer al caerse al agua).
Observe:
la cuillère à café (la cucharilla de café); *la cuillère à soupe* o *la grosse cuillère* (la cuchara sopera).
Proverbe: il y a loin de la coupe aux lèvres (de la mano a la boca se pierde la sopa).

❏ Les aliments 1	❏ *Los alimentos 1*
le pain 10	el pan
la tranche (de pain)	la rebanada
le morceau	el pedazo, el trozo
la tranche de pain grillé	la tostada
le petit pain	el bollo
la farine	la harina
le lait	la leche
la crème	la nata
le beurre	la mantequilla
l'huile	el aceite
le vinaigre	el vinagre
le sel	la sal
le poivre	la pimienta
la soupe	la sopa
les hors-d'œuvre	los entremeses
les produits surgelés	los productos congelados
la viande	la carne
le filet	el solomillo
le bifteck	el bistec
le steak	el filete, el bistec
la côtelette	la chuleta
le veau	la ternera
le bœuf	el buey, la vaca, la carne de vacuno
le mouton	el cordero
le porc	el cerdo
le poulet 11	el pollo
le jambon 12	el jamón
la saucisse 13	la salchicha
le chorizo	el chorizo
les tripes	los callos
les rognons	los riñones
le ragoût	el estofado, el guisado
la sauce	la salsa
les charcuteries	los embutidos

Une tranche puede traducirse de varias maneras: una rebanada (de pan, *une tranche de pain*); una rodaja (de salchichón, de limón, de piña, *une tranche de saucisson, de citron, d'ananas*); una raja (de melón, de queso, etc., *une tranche de melon, de fromage*, etc.); una loncha (de jamón, *une tranche de jambon*). Al igual que sucede en el lenguaje de la moda, el lenguaje culinario ha adoptado muchas palabras de origen francés. He aquí las más usuales: *le confit*; *le consommé* (el consomé); *le croissant* (el cruasán); *le gratin* (el gratén); *le marron glacé*; *le ragoût* (el ragú); *le soufflé*; *le vol-au-vent* (el volován); *une entrecôte* (un entrecot); *une fricassée* (un fricasé); *le bouquet d'un vin* (el buqué de un vino); *gourmet* y... *bon vivant*.

❑ **Les aliments 2**	❑ *Los alimentos 2*
le poisson	el pescado
l'œuf 14	el huevo
l'omelette	la tortilla
les légumes verts	las verduras
la salade	la ensalada
la purée de pommes de terre	el puré de patatas
les frites	las patatas fritas
les pâtes alimentaires	la pasta
le riz	el arroz
le fromage	el queso
le yaourt	el yogur
goûter	probar
le sandwich	el bocadillo
le hamburger	la hamburguesa
le hot dog	el perrito caliente
la conserve 15	la conserva
une boîte de thon	una lata de atún
cru	crudo
tendre	tierno
dur	duro
frais	fresco
délicieux	rico

savoureux	sabroso
excellent	excelente
fade	soso
amer	amargo
végétarien	vegetariano

Les œufs (los huevos): *œuf dur* (huevo duro); *œuf à la coque* (huevo pasado por agua); *œuf sur le plat/frit* (huevo al plato/frito); *œufs brouillés* (huevos revueltos); *une omelette nature* (una tortilla a la francesa); *le jaune d'œuf* (la yema).

Donnez-moi un sandwich au jambon/au fromage, s'il vous plaît (déme un bocadillo de jamón/de queso, por favor). En Francia los bocadillos suelen llevar mantequilla, por lo que es por ejemplo habitual pedir directamente *un jambon-beurre* (un bocadillo de jamón con mantequilla).

Observe:

ce gratin dauphinois est délicieux (estas patatas al gratén están muy ricas).

Le saumon fumé (el salmón ahumado).

Expresión: *entre la poire et le fromage* (se refiere al final de la comida cuando la conversación es más relajada).

Francia produce alrededor de 360 variedades de quesos, de los que además es gran consumidora. Suelen servirse entre el segundo plato y el postre: *un plateau de fromages* (una bandeja de quesos).

Le hachis Parmentier es un plato a base de carne picada o pescado picado y puré de patatas. Se denomina así porque Parmentier fue la persona que introdujo la patata en Francia en 1785.

FAM → *la patate* (la patata).

❑ **Les sucreries**	❑ *Los dulces*
le sucre	el azúcar
un morceau de sucre	un terrón de azúcar
le dessert	el postre
le gâteau	el pastel
la tarte 16	la tarta
le biscuit	la galleta
les petits fours	las pastas

la crème au chocolat	la crema de chocolate
la crème caramel	el flan
les œufs au lait	las natillas
une glace à la vanille/au café...	un helado de vainilla/ de café...
l'esquimau	el polo
le beignet	el buñuelo
le miel	la miel
la confiture	la mermelada
le bonbon	el caramelo
sucer	chupar
le bonbon au chocolat	el bombón
la barre chocolatée (fourrée)	la chocolatina (rellena)
les pralines	las almendras garrapiñadas
le chewing-gum	el chicle
mâcher	mascar
la friandise	la golosina
gourmand	goloso
l'eau me vient à la bouche	se me hace la boca agua
je suis au régime	estoy a régimen/a dieta

Observe:

les petits gâteaux, les petits fours (las pastas).

Repostería clásica de origen francés: *le baba au rhum; la tarte tatin; les éclairs au chocolat; les choux à la crème*, etc.

Attention!: no debe confundirse *un bonbon* (un caramelo; *des bonbons à la menthe*, caramelos de menta) y *un bonbon au chocolat* (un bombón). Nótese que *bonbon* se escribe con una *-n* delante de la *-b* (y no una *-m*) porque es una repetición de la palabra *bon* (bueno).

La glace y *le sorbet* se distinguen en que el primero lleva nata y el segundo no.

Expresión figurada: *c'est du gâteau* (FAM) [está tirado].

Une grand-mère gâteau es una abuela que mima mucho a sus nietos.

❑ Boissons non alcooliques	❑ *Bebidas no alcohólicas*
avoir soif	tener sed
l'eau 17	el agua
l'eau minérale non gazeuse	el agua mineral sin gas
l'eau plate	el agua sin gas
l'eau gazeuse	el agua con gas
l'eau de Seltz	el sifón
la limonade	la gaseosa
l'orangeade 18	la naranjada
la citronnade	la limonada
le soda	la soda
le Coca-Cola, le Coca	la Coca-Cola
le jus de fruits	el zumo de frutas
le rafraîchissement	el refresco
le milk-shake	el batido
le granité	el granizado
presser (un citron, etc.)	exprimir (un limón, etc.)
le presse-agrumes	el exprimidor
le café	el café
le café noir	el café solo
le café au lait	el café con leche
le café crème	el cortado [corto de café]
la noisette	el cortado [corto de leche]
la cafetière électrique	la cafetera eléctrica
le chocolat	el chocolate
le thé	el té
remplir	llenar
vider	vaciar
avaler	tragar
la gorgée	el trago

Attention!: *une limonade* es una gaseosa y *un jus de citron*, una limonada.
El género de las bebidas puede ser distinto: *un Coca* (una Coca Cola); *un soda* (una soda).
Observe:
un panaché (una clara, cerveza y gaseosa o limonada).

❑ **Boire et fumer**	❑ *Beber y fumar*
le vin rouge/blanc	el vino tinto/blanco
le vin rosé, le rosé	el vino rosado
le champagne	el champán
mousseux	espumoso
la bière	la cerveza
le cidre	la sidra
la liqueur	el licor
l'eau-de-vie	el aguardiente
le cognac	el coñac
le xérès	el jerez
la bouteille	la botella
le tire-bouchon 19	el sacacorchos
le décapsuleur 20	el abridor
boire à la santé de...	brindar por...
porter un toast à...	brindar por...
ivre	borracho
le tabac	el tabaco
la cigarette	el cigarrillo
le cigare	el cigarro, el puro
la pipe	la pipa
le fumeur	el fumador
défense de fumer	no fumar, prohibido fumar
le briquet	el encendedor
l'allumette	la cerilla
la fumée 21	el humo
le cendrier	el cenicero
la cendre	la ceniza

Canción popular: *j'ai du bon tabac dans ma tabatière; j'ai du bon tabac, tu n'en auras pas.*
Canción de borrachos: *il est des nôtres, il a bu son verre comme les autres; c'est un ivrogne, on le voit rien qu'à sa trogne.*
La bière (la cerveza): *blonde/brune* (rubia o dorada/negra); *à la pression* (de barril). *Un demi (de bière)* corresponde más o menos a una caña; *une canette* (un botellín o quinto de cerveza).
→

Canción popular: *on est allé direct à la buvette, où on s'est enfilé chacun nos huit canettes.*
Observe:

abus dangereux, à consommer avec modération (anuncio de las autoridades sanitarias francesas en las bebidas alcohólicas, literalmente, abuso peligroso, consumir moderadamente).

L'absinthe (la absenta) es un aguardiente que estaba de moda a finales del siglo XIX.
Le tabac (el tabaco): *tabac brun/noir* (tabaco negro); *tabac blond/d'Orient* (tabaco rubio); *débit/bureau de tabac* (estanco).

6 LA SANTÉ (la salud)

❑ La santé et la maladie	❑ *La salud y la enfermedad*
se sentir bien/mal	encontrarse/sentirse bien/mal
sain	sano
bien portant	sano
fort	fuerte
faible	débil
tomber malade	ponerse enfermo, enfermar
le malade	el enfermo
un handicapé	un minusválido
la douleur	el dolor
le mal de tête/aux dents	el dolor de cabeza/ de muelas
douloureux	doloroso
souffrir	sufrir
souffrir de l'estomac	padecer del estómago
la fièvre	la fiebre
transpirer	sudar
suer	sudar
la blessure	la herida
faire mal	hacer daño
enfler	hinchar
le rhume	el catarro
le refroidissement	el resfriado
attraper un rhume	coger un catarro
la grippe	la gripe
la toux	la tos
tousser	toser
éternuer 1	estornudar
atchoum!	¡achís!
se moucher 2	sonarse

BLOC OPÉRATOIRE
Pr. FRANKENSTEIN
ATCHOUM!
ANTI-BIOTIQUES
1
2
3
4
5
6
7
8
9

s'évanouir 3	desmayarse
le mal de mer 4	el mareo
avoir la tête qui tourne	estar mareado
avoir le mal de mer	estar mareado
vomir	vomitar
étouffer	ahogarse
l'épidémie	la epidemia

> *Chez le médecin* (en el médico):
> – *Comment allez-vous?* (¿Cómo se encuentra?)
> – *Je ne me sens pas bien docteur, il me semble que j'ai de la fièvre* (no me encuentro bien, doctor, me parece que tengo fiebre).
> – *Vous n'avez rien de grave, ne vous inquiétez pas* (no tiene nada grave, no se preocupe).
> *Faire mal* (doler): *j'ai mal à l'estomac* (me duele el estómago); *j'ai mal aux reins* (me duelen los riñones); *vous avez encore mal à la gorge?* (¿le duele todavía la garganta?); *ça te fait très mal?* (¿te duele mucho?); *la blessure ne me fait plus mal* (la herida ya no me duele).
> *Souffrir* (padecer): *souffrir du cœur, avoir une maladie de cœur* (padecer del corazón).
> *Attention!*: *être constipé* (tener estreñimiento); *être enrhumé* (estar constipado).

❑ **Les maladies, la médecine**	❑ *Las enfermedades, la medicina*
la crise	el ataque
l'ulcère (à l'estomac)	la úlcera (de estómago)
la fracture	la fractura
la dépression nerveuse	la depresión nerviosa
la folie	la locura
fou	loco
le médecin 5	el médico
le dentiste	el dentista
l'infirmière	la enfermera
examiner	reconocer

l'examen médical	el reconocimiento médico
le bilan de santé	el chequeo
l'ordonnance	la receta
le médicament	el medicamento, la medicina
la pastille 6	la pastilla
le comprimé	el comprimido
le cachet	la tableta
la pilule (contraceptive)	la píldora (anticonceptiva)
le sirop	el jarabe
les antibiotiques	los antibióticos
le vaccin	la vacuna
faire une piqûre	poner una inyección
le pansement	el apósito
le bandage 7	la venda
soigner (quelqu'un)	cuidar, asistir (a alguien)
les soins intensifs	los cuidados intensivos
soigner	curar
guérir	sanar
soulager	aliviar
le régime	el régimen
l'hôpital	el hospital
la clinique	la clínica
l'ambulance	la ambulancia
l'opération	la operación
se faire opérer de ...	operarse de
la cicatrice 8	la cicatriz

Quelques maladies (algunas enfermedades): *l'asthme* (el asma); *la bronchite* (la bronquitis); *le cancer* (el cáncer); *le diabète* (la diabetes); *l'infarctus* (el infarto); *le rhumatisme* (el reuma, el reumatismo); *le sida* (el sida); *la variole* (la viruela).

Observe:

examiner un malade (reconocer a un enfermo).

Guérir, soigner (curarse, curar): *on le soigne aux antibiotiques* (le tratan con antibióticos); *mieux vaut prévenir que guérir* (más vale prevenir que curar); *si tu te soignes, tu guériras bientôt* (si te cuidas, te curarás pronto); *je suis guéri* (estoy curado). →

La Sécurité sociale (la Seguridad Social).
En Francia los curanderos *(guérisseurs, rebouteux)* no están reconocidos legalmente. Utilizan sobre todo el magnetismo, el hipnotismo y las plantas. Según el Código de la salud pública, la profesión de «curandero» está prohibida y su ejercicio puede ser objeto de sanción penal. Sin embargo, existe una cierta tolerancia hacia los practicantes serios.

❑ **Le sommeil**	❑ *El sueño*
dormir 9	dormir
s'endormir	dormirse, conciliar el sueño
aller/se mettre au lit	ir a la cama, meterse en la cama
bonne nuit!	¡buenas noches!
endormi	dormido
le sommeil	el sueño [ganas de dormir]
le rêve	el sueño [durante la noche]
rêver	soñar
j'ai rêvé de...	he soñado con...
le cauchemar	la pesadilla
se coucher	acostarse
s'allonger	echarse, tumbarse
se réveiller	despertarse
réveille-moi à sept heures	despiértame a las siete
se lever tôt	madrugar
bâiller	bostezar
la fatigue	el cansancio
fatiguer	cansar
être fatigué	estar cansado
se reposer	descansar
épuisé	agotado, rendido
faire la sieste	echar/dormir la siesta
se lever	levantarse
le somnifère	el somnífero
le calmant	el calmante
la berceuse	la canción de cuna, la nana

Le sommeil (el sueño), *le rêve* (el sueño): *j'ai sommeil* (tengo sueño); *tomber de sommeil* (caerse de sueño); *cette nuit j'ai fait un mauvais rêve* (esta noche he tenido un mal sueño); *mon rêve est...*, mi sueño es...
Observe:
j'ai envie de dormir (tengo ganas de dormir); *je me suis couché tard* (me he acostado tarde); *je me suis levé tôt* (me he levantado temprano); *faire la grasse matinée* (levantarse tarde).
Nótese el cambio de preposición:
rêver de quelqu'un/de quelque chose (soñar con alguien/algo); *j'ai rêvé de toi* (he soñado contigo); *il rêve d'être riche* (sueña con ser rico).
Rêver à quelque chose (pensar en); *à quoi rêve-t-il?* (¿en qué está pensando?).

❑ **La toilette, l'hygiène**	❑ *El aseo, la higiene*
propre	limpio
sale	sucio
se salir	ensuciarse
se laver	lavarse
le savon 10	el jabón
se baigner	bañarse
prendre un bain	tomar un baño
la douche 11	la ducha
se doucher	ducharse
s'essuyer	secarse
la serviette (de bain) 12	la toalla
le peignoir 13	el albornoz
le peigne 14	el peine
se peigner	peinarse
le shampoing	el champú
la brosse à dents	el cepillo de dientes
la pâte dentifrice	la pasta dentífrica/de dientes
se brosser les dents	cepillarse los dientes
le rasoir 15	la maquinilla de afeitar
la mousse à raser	la espuma de afeitar

10
11
12
13
SHAMPOING
Vénus
Crème
14
15
16
17
GEL
CLÉOPATRE
18
19

se raser	afeitarse
le parfum 16	el perfume
l'eau de Cologne	el agua de colonia, la colonia
se parfumer	perfumarse
le déodorant	el desodorante
la bombe 17	el spray, el aerosol
l'atomiseur	el atomizador
se maquiller	maquillarse
le fond de teint	el maquillaje
le rouge à lèvres 18	la barra de labios, el lápiz de labios
le vernis à ongles 19	el esmalte de uñas
la compresse	la compresa
la serviette hygiénique	la compresa
avoir ses règles	tener la regla
l'armoire à pharmacie	el botiquín

La coiffure (el peinado): *une coupe (de cheveux)* [un corte (de pelo)]; *une coupe au rasoir* (un corte a navaja); *se faire couper les cheveux* (cortarse el pelo); *se faire un shampoing* (lavarse el pelo); *se (faire) teindre les cheveux* (teñirse el pelo); *mettre de la laque* (ponerse laca); *une frange* (un flequillo); *une boucle* (un bucle, un rizo); *un chignon* (un moño); *une natte* (una trenza); *la raie* (la raya).

Observe:

une éponge (una esponja); *une serviette en tissu éponge* (una toalla de rizo).

Se distingue *l'eau de toilette, l'eau de parfum* y *le parfum* por su creciente grado de concentración.

7 LA MAISON (la casa)

❑ La construction	❑ *La construcción*
construire	construir
bâtir	edificar
l'architecte	el arquitecto
le maçon	el albañil
l'échafaudage	el andamio
la pierre	la piedra
la brique 1	el ladrillo
la brique crue	el adobe
le ciment	el cemento
le béton	el hormigón
le plâtre	el yeso
le bois	la madera
la planche 2	la tabla
les outils	las herramientas
utiliser	usar
se servir de	emplear
la scie 3	la sierra
le marteau 4	el martillo
le clou 5	el clavo
clouer	clavar
la vis 6	el tornillo
le tournevis 7	el destornillador
l'acier	el acero
l'aluminium	el aluminio
le tube	el tubo
le verre	el vidrio
le carreau de faïence 8	el azulejo
démolir	derribar
la ruine	la ruina

1
2
3
4
5
6
7
8
9
10
11
12
13
14
CHAM

Canción popular: *mon Dieu, quel bonheur, mon Dieu quel bonheur d'avoir un mari qui bricole; mon Dieu quel bonheur, mon Dieu quel bonheur d'avoir un mari bricoleur.*
Attention!: *une planche* es una tabla (*une planche en chêne*, una tabla de roble; *une planche à repasser*, una tabla de planchar); mientras que una mesa es *une table*, y una plancha es... *un fer à repasser.*
Les réparations chez soi et le bricolage (las reparaciones caseras y el bricolaje): *un bricoleur* (un aficionado al bricolaje, un manitas); *une bricole* (una chapuza); *faites-le vous-même* (hágalo usted mismo).

❑ La maison	❑ *La casa*
le mur	la pared
le sol 9	el suelo
le plancher	el suelo
la façade	la fachada
le toit	el tejado
la tuile	la teja
l'ardoise	la pizarra
couvrir	cubrir
le plafond 10	el techo
la cheminée	la chimenea
la terrasse	la azotea; la terraza
le balcon	el balcón
la fenêtre	la ventana
le carreau	el cristal
la vitre	el cristal
la grille	la reja
la porte 11	la puerta
la serrure 12	la cerradura
la clef 13	la llave
la sonnette	el timbre
frapper à la porte	llamar a la puerta
entrez!	¡pase!
ouvrir	abrir
fermer	cerrar

le grenier	el desván
le sous-sol	el sótano
le rez-de-chaussée	la planta baja
le garage	el garaje
la cour	el patio

Chez:
je suis chez moi (estoy en casa); *Francine n'est pas chez elle* (Francine no está en su casa); *je vais chez Sylvie* (voy a casa de Sylvie); *j'irai chez toi demain* (iré a tu casa mañana); *aller chez le médecin/chez le dentiste* (ir al médico/al dentista).
Attention!: *le plafond* (el techo); *le toit* (el tejado).
Observe:
la porte est ouverte/fermée (la puerta está abierta/cerrada); *elle ferme à clef* ([ella] cierra con llave); *sonner* (llamar al timbre).

❑ **Le logement**	❑ *La vivienda*
le foyer	el hogar
la villa	la villa, el chalet
le pavillon	el chalet, el chalé
la résidence secondaire	la segunda residencia
l'entrée	la entrada
le vestibule	el vestíbulo, la entrada, el zaguán
le couloir	el pasillo
l'escalier 14	la escalera
la marche	el escalón, el peldaño
la rampe	la barandilla
l'ascenseur	el ascensor
l'étage	el piso, la planta
l'appartement	el piso
le studio	el estudio; el apartamento
la pièce	la habitación
la chambre	la habitación, el cuarto
la salle de séjour	la sala de estar
vivre	vivir

habiter	vivir, habitar
déménager	mudar(se)
le déménagement	la mudanza
loger	alojarse
le propriétaire	el propietario, el dueño
le locataire	el inquilino, el arrendatario
la location	el alquiler, el arrendamiento
louer	alquilar, arrendar
le voisin	el vecino
le concierge	el portero
le gardien	el vigilante

> Observe:
> *le problème du logement* (el problema de la vivienda); *un logement spacieux* (una vivienda espaciosa); *un H.L.M.* (una vivienda de protección oficial o de renta limitada) [*véase* p. 135].
> *Attention!*: un chalet, o chalé puede traducirse por *une villa* o *un pavillon* (el término *chalet* se emplea de forma específica para construcciones de alta montaña).
> Observe:
> *un appartement de quatre pièces/un quatre-pièces* (un piso de cuatro habitaciones); *j'habite au troisième étage* (vivo en el tercer piso); *un (appartement) meublé* (un piso amueblado); *un studio* (un apartamento); *un studio d'artiste/un atelier* (un estudio); *appartement à louer* (se alquila piso).

❑ **Pièces et meubles**	❑ *Habitaciones y muebles*
le meuble	el mueble
la salle à manger	el comedor
la table	la mesa
la chaise 15	la silla
le buffet	el aparador
le salon	el salón
le fauteuil	el sillón
le canapé	el sofá

15
17
18
19
20
21
22
23
24
25
26
27
28

le tapis	la alfombra
la moquette	la moqueta
la chambre	el dormitorio
le lit 16	la cama
le matelas	el colchón
le couvre-lit	la colcha
la couverture 17	la manta
le drap 18	la sábana
l'oreiller 19	la almohada
la taie	la funda (de la almohada)
le réveille-matin (abrév. réveil)	el despertador
l'armoire	el armario
la commode	la cómoda
le tiroir 20	el cajón
la bibliothèque	la biblioteca
le rideau 21	la cortina
le cintre	la percha
le portemanteau	• el colgador
pendre	colgar
la salle de bain	el cuarto de baño
le lavabo	el lavabo
le robinet 22	el grifo
le miroir	el espejo
la glace	el espejo
la baignoire	la bañera
la douche	la ducha
les toilettes	el aseo, los servicios
le papier hygiénique	el papel higiénico

Une pièce designa cualquier habitación o cuarto; *une chambre à coucher* (un dormitorio); *une chambre à deux lits/avec douche* (una habitación de dos camas/con ducha).
Observe:
une armoire (un armario); *une armoire à glace* (un armario de luna); *un placard* (un armario empotrado).

❑ Lumière et chauffage — ❑ *Luz y calefacción*

l'électricité	la electricidad, la luz
électrique	eléctrico
le courant	la corriente
allumer	encender
éteindre	apagar
éclairer	alumbrar
la lampe 23	la lámpara
le lampadaire	la lámpara de pie
l'ampoule 24	la bombilla
la prise de courant 25	el enchufe
brancher	enchufar
les plombs ont sauté	se han fundido los plomos
la bougie	la vela
le chauffage central	la calefacción central
le radiateur 26	el radiador
le poêle	la estufa
le bois (de chauffage)	la leña
le feu	el fuego
la flamme	la llama
chauffer	calentar
brûler	arder
confortable	confortable, cómodo
à l'aise	a gusto
l'air conditionné	el aire acondicionado
le climatiseur	el acondicionador de aire
le ventilateur	el ventilador

Observe:

mettre/arrêter le chauffage (encender/apagar la calefacción); *chauffage au gaz/au charbon/par l'électricité* (calefacción de gas/de carbón/eléctrica).

Donner/allumer la lumière (encender la luz); *éteindre la lumière* (apagar la luz).

Un fauteuil confortable (un sillón cómodo).

→

Être bien aise de/que (estar encantado[a] de/de que); *prendre ses aises* (instalarse con comodidad); *être à l'aise/à son aise* (estar a gusto/a sus anchas); *être mal à l'aise/à son aise* (estar incómodo[a] o molesto[a]).

❑ **La cuisine, les travaux ménagers**	❑ *La cocina, las tareas domésticas*
la maîtresse de maison	el ama de casa
la cuisinière (à gaz/électrique)	la cocina (de gas/eléctrica)
le four (micro-ondes)	el horno (microondas)
le réfrigérateur	el frigorífico, la nevera
le congélateur	el congelador
l'évier	el fregadero
frotter	fregar
faire la vaisselle	lavar/fregar los platos
le lave-vaisselle	el lavavajillas
laver	lavar
la machine à laver	la lavadora
la lessive	el detergente
un appareil électroménager	un electrodoméstico
le mixeur	la batidora
le grille-pain	el tostador de pan
le fer à repasser	la plancha
repasser	planchar
le nettoyage	la limpieza [acción]
la propreté	la limpieza [cualidad]
nettoyer	limpiar
essuyer	secar; quitar el polvo
sécher	secar
balayer	barrer
le balai 27	la escoba
l'aspirateur	el aspirador
la poussière	el polvo
le chiffon	el trapo
le torchon	el trapo

le seau	el cubo
la poubelle 28	el cubo de la basura
le sac-poubelle	la bolsa de basura
jeter	tirar, echar
l'étagère	el estante

Faire la vaisselle (fregar/lavar los platos); *laver le sol* (fregar el suelo); *faire la lessive* (hacer la colada).
La femme de ménage (la asistenta, la mujer de la limpieza).
Observe:
un congélateur (un congelador); *les produits surgelés ou congelés* (los [productos] congelados).

8 L'ESPACE ET LE MOUVEMENT (el espacio y el movimiento)

❑ Le lieu, la situation — ❑ *El lugar, la situación*

l'endroit	el sitio, el lugar
la place	el sitio
la position	la posición
la distance	la distancia
le côté	el lado
droit	derecho
gauche	izquierdo
à droite	a la derecha
à gauche	a la izquierda
le centre	el centro
central	central
l'extérieur	el exterior
l'intérieur	el interior
le fond	el fondo
le bord	el borde
la limite	el límite
l'extrémité	el extremo
le bout	el extremo
à l'extrémité de	en el extremo de
au bout de	en el extremo de
supérieur	superior
inférieur	inferior
proche	próximo
plein	lleno
vide	vacío
être	estar
se trouver	encontrarse, hallarse
se situer	situarse
rester	quedarse
demeurer	permanecer
laisser	dejar

5
10
12
1
8

JE M'EN VAIS! Ces chiens ne servent à rien!
13
6
4
2
7
3
9
11

tenir (dans un certain espace)	caber
être de trop	sobrar

Observe:

où es-tu? (¿dónde estás?); *je suis dans la salle à manger* (estoy en el comedor); *Marseille est au sud de la France* (Marsella está en el sur de Francia).

Los pronombres demostrativos: las formas con *ci-* corresponden siempre a éste(a, os, as), mientras que las formas con *-là* pueden equivaler a éste, ése, o aquél, según el contexto y la situación: *ce livre-ci* (este libro); *ce cahier-là* (ese cuaderno).

❑ **Le mouvement, la direction 1**	❑ *El movimiento, la dirección 1*
remuer	mover(se)
bouger	mover(se)
marcher	andar, caminar
courir 1	correr
s'arrêter	pararse, detenerse
avancer	adelantar
se diriger	dirigirse
faire un pas	dar un paso
aller	ir
aller chercher...	ir por...
envoyer	enviar
sortir	salir
partir	salir, irse, marcharse
s'en aller	marchar(se), irse
je m'en vais	me voy
s'éloigner	alejarse
se cacher	esconderse
s'écarter	apartarse
fuir	huir
suivre 2	seguir
continuer	continuar, seguir

continuez tout droit devant vous	siga todo recto
venir	venir
s'approcher de	acercarse a
arriver	llegar
atteindre	alcanzar
accompagner	acompañar
se dépêcher	darse prisa
rapide	rápido, veloz
agile	ágil
lent	lento
maladroit	torpe
gauche	torpe
immobile	inmóvil

Observe:
marcher vite/lentement (andar deprisa/despacio); *marcher à quatre pattes* (andar a gatas/a cuatro patas).
Je vais chercher mon manteau (voy por mi abrigo); *va chercher le pain* (ve a buscar pan, ve a por pan).
FAM → *se grouiller* = *se dépêcher* (darse caña [prisa]): *grouille-toi!, on est en retard* (¡date prisa!, llegamos tarde).
Observe:
la maladresse, la gaucherie (la torpeza).

❑ **Le mouvement, la direction 2**	❑ *El movimiento, la dirección 2*
se lever	levantarse
s'asseoir 3	sentarse
se pencher	inclinarse; asomarse
s'incliner	inclinarse
apparaître	aparecer
disparaître	desaparecer
monter 4	subir
la montée	la subida
grimper 5	trepar
descendre 6	bajar

baisser	bajar
la descente	la bajada
sauter 7	saltar
faire un bond	dar un salto
franchir	saltar [un obstáculo]
traverser	cruzar, atravesar
trébucher 8	tropezar
glisser 9	resbalar
tomber 10	caer
la chute	la caída
se traîner par terre	arrastrarse por el suelo
s'allonger	tumbarse, echarse
s'étendre	tumbarse, echarse
se jeter (dans le vide)	tirarse (al vacío)
reculer	retroceder
revenir	volver
rentrer	regresar, volver
le retour	el regreso
tourner	volver; volverse
retourner	volver
le tour	la vuelta
le retour	la vuelta, el regreso
faire le tour (du monde)	dar la vuelta (al mundo)
faire un tour (une promenade)	dar una vuelta (un paseo)
faire demi-tour	dar media vuelta
être de retour	estar de vuelta
tourner	girar

Observe:

elle grimpa à l'arbre (se subió al árbol); *descendre de l'autobus* (bajarse del autobús); *il tomba de tout son long* (se cayó cuan largo era).

La rentrée des classes (la vuelta al colegio); *par retour du courrier* (a vuelta de correo); *le tour de France cycliste* (la vuelta ciclista a Francia).

Tourner un film (rodar una película); *tourner la clef* (girar la llave); *tourner les pages d'un livre* (pasar las páginas de un libro).

❑ L'action, les gestes	❑ *La acción, los gestos*
faire	hacer
prendre	tomar, coger
tenir	sujetar
saisir	coger, agarrar
attraper	agarrar
mettre	poner; meter
poser	poner
placer	colocar
garder	guardar
ranger	guardar, ordenar
introduire	introducir, meter
appuyer	apoyar
agiter	agitar
secouer	sacudir
la secousse	la sacudida
frapper	golpear
le coup	el golpe
le coup de pied 11	la patada
le coup de poing 12	el puñetazo
lancer	lanzar
jeter	tirar
tirer	tirar de; sacar
pousser	empujar
sortir	sacar
ôter	quitar
enlever	quitar
serrer	apretar, estrechar
plier	doblar
tordre	torcer
casser	romper
déchirer	desgarrar, romper
entourer	rodear
attacher	atar
lâcher	soltar
frôler	rozar
le frôlement	el roce

marcher sur	pisar
le pas	la pisada
apporter	traer
amener	traer
rapporter	traer algo a alguien, devolver
attirer	atraer
porter	llevar
emporter	llevarse, llevar
emmener	llevar, llevar consigo

> Observe:
> *marcher sur un tapis* (pisar una alfombra); *appuyer sur une pédale* (pisar un pedal); *marcher sur le pied de quelqu'un* (pisar a alguien).
> *Rangez vos affaires* (ordenad vuestras cosas); *une chambre bien rangée* (una habitación ordenada).
> *Emmène-moi!* (¡llévame contigo!).

❑ **Adverbes et prépositions**	❑ *Adverbios y preposiciones*
où	donde
ici	aquí
là	ahí, allí, allá
là-bas	ahí, allí, allá
près	cerca
loin	lejos
en haut	arriba
en bas	abajo
dessous	debajo
au-dessus	encima
en face	enfrente
en avant	adelante
devant	delante (de)
derrière	detrás (de)
à droite	a la derecha

à gauche	a la izquierda
dedans	dentro
à l'intérieur	dentro
dehors	fuera
autour	alrededor
à l'envers	al revés
debout	de pie, en pie
partout	en (por) todas partes
nulle part	en ninguna parte, en ningún sitio
n'importe où	en cualquier sitio, dondequiera
à	a
au	al
sur	sobre
dans	en
entre	entre
parmi	entre
contre	contra; junto a
depuis	desde
vers	hacia
jusqu'à	hasta
près de	junto a
au milieu de	en medio de
à côté de	al lado de
le long de	a lo largo de
sous	debajo de, bajo

Observe:

où es-tu? (¿dónde estás?); *où vas-tu?* (¿adónde vas?); *viens ici* (ven aquí); *me voici* (aquí estoy); *voici mon passeport* (aquí tiene mi pasaporte); *voilà ma sœur qui arrive* (ahí viene mi hermana).

Attention!: *j'aimerais aller en Chine* (me gustaría ir a China); *je montai dans ma chambre* (subí a mi cuarto); *ils descendirent sur le quai* (bajaron al andén). Nótese el uso de preposiciones distintas en francés.

9 LE TEMPS (el tiempo)

❑ **Le temps et ses divisions** I	❑ *El tiempo y sus divisiones I*
l'instant	el instante
le moment	el momento, el rato
la période	el período
l'époque	la época; la temporada
la saison	la estación; la temporada [teatral, etc.]
les quatre saisons	las cuatro estaciones
le printemps	la primavera
l'été	el verano
l'automne	el otoño
l'hiver	el invierno
l'ère	la era
le siècle	el siglo
le calendrier I	el calendario
l'année	el año
le trimestre	el trimestre
le mois	el mes
les mois de l'année	los meses del año
janvier	enero
février	febrero
mars	marzo
avril	abril
mai	mayo
juin	junio
juillet	julio
août	agosto
septembre	setiembre
octobre	octubre
novembre	noviembre
décembre	diciembre
la date 2	la fecha

2001
LUNDI
25
AVRIL
Vendredi 1er. Mai 1929
Comme si c'était hier...

La date (la fecha): el francés no emplea la preposición «de» delante del mes y el año (*le 14 juillet 1789*, el 14 de julio de 1789; *le Premier Mai*, el Primero de Mayo).
– *Le combien sommes nous?* (¿A qué día estamos?)
– *Nous sommes le premier janvier 2002* (estamos a primero/uno de enero de 2002); *Nous sommes le 2 mars 2002* (estamos a dos de marzo de 2002).
... *votre lettre du 9 février 2002* (... su carta de fecha 9 de febrero de 2002)
... *votre lettre du 12 juin dernier* (... su carta del pasado día 12 de junio).
Le siècle (el siglo): *le* XVIII*e siècle* (el siglo XVIII); *le vingtième siècle* (el siglo veinte). Nótese el uso de números ordinales y la construcción, diferente de la española.
Observe:
Bonne année! (¡Feliz año nuevo!)
Adage: En avril, ne te découvre pas d'un fil, en mai mets ce qu'il te plaît. A diferencia del refrán español, «hasta el 40 de mayo no te quites el sayo», según el refranero francés mayo es un mes propicio para vestirnos como queramos.
El primero de mayo en Francia se suele regalar un *brin de muguet* (ramillete de muguete) para tener buena suerte.

❑ **Le temps et ses divisions 2**	❑ *El tiempo y sus divisiones 2*
la semaine	la semana
le week-end	el fin de semana
le jour	el día
la journée	el día
un jour férié	un día festivo
lundi	lunes
mardi	martes
mercredi	miércoles
jeudi	jueves
vendredi	viernes
samedi	sábado
dimanche	domingo
la veille	la víspera

le lendemain	el día siguiente
l'aube	el alba
le lever du jour	el amanecer
le petit jour	la madrugada
l'aube	la madrugada, el alba
le matin	la mañana
midi	mediodía
l'après-midi	la tarde
le soir	el atardecer; la velada
la tombée du jour	el atardecer
la tombée de la nuit	el anochecer
la nuit 3	la noche
minuit	medianoche
l'heure	la hora
la minute	el minuto
la seconde	el segundo
l'horloge	el reloj
la pendule	el reloj de pared
la montre	el reloj de pulsera
je suis très pressé	tengo mucha prisa
j'ai hâte d'arriver	tengo prisa por llegar
c'est pressé	corre prisa
c'est urgent	es urgente
je n'ai pas le temps	no tengo tiempo

Hace...: para expresar una duración se emplea *il y a..., depuis...*:
Fanny est arrivée il y a deux semaines (Fanny llegó hace dos semanas); *il y a longtemps* (hace [mucho] tiempo); *il y avait...* (hacía...); *il y a, ça fait une heure que je marche, je marche depuis une heure* (llevo una hora andando); *depuis dix ans* (desde hace diez años).

L'heure (la hora): *il est une heure* (es la una); *il est trois heures* (son las tres); *vers six heures* (a eso de las seis, sobre las seis); *dix heures pile* (las diez en punto); *il est quatre heures et demi/et quart/moins le quart* (son las cuatro y media/y cuarto/menos cuarto).

Observe:
fermé le dimanche/le lundi (cerrado los domingos/los lunes). Nótese el singular.

❑ Le temps et ses divisions 3 / ❑ *El tiempo y sus divisiones 3*

le commencement	el comienzo, el principio
le début	el principio
l'origine	el origen
la fin	el fin, el final
le délai	el plazo
une/deux fois	una vez/dos veces
le tour	el turno
le passé	el pasado
le présent	el presente
le futur	el futuro
l'avenir	el porvenir
actuel	actual
récent	reciente
immédiat	inmediato
le siècle	el siglo
le mois dernier	el mes pasado
prochain	próximo
suivant	siguiente
permanent	permanente
passager	pasajero
fréquent	frecuente
éternel	eterno
ancien	antiguo
antique	antiguo
nouveau	nuevo
dernier	último
vieux	viejo
moderne	moderno
commencer	comenzar
continuer	continuar, seguir
finir	acabar, terminar
durer	durar
passer	pasar
tarder	tardar
mettre (un certain temps)	tardar

j'ai mis une semaine à...	he tardado una semana en...
être en retard	llegar tarde
avec deux heures d'avance	con dos horas de antelación
être à l'heure	ser puntual

Observe:
le mois prochain (el mes próximo, el mes que viene); *la semaine prochaine* (la semana próxima, la semana que viene); *le 6 janvier prochain* (el próximo 6 de enero); *le mois dernier* (el mes pasado); *il est arrivé ici vers Noël* (llegó aquí por Navidad); *il reste deux semaines avant Noël* (faltan dos semanas para Navidad).
Il/elle continua de lire (siguió leyendo); *il/elle restait les yeux fermés* (seguía con los ojos cerrados); *il est toujours (encore) malade* (sigue enfermo).
Il était une fois... (érase una vez...).
Jadis (antaño).

❑ **Adverbes et prépositions**	❑ *Adverbios y preposiciones*
maintenant	ahora
aujourd'hui	hoy
de nos jours	hoy día
avant-hier	anteayer
hier	ayer
demain	mañana
demain matin	mañana por la mañana
demain après-midi	mañana por la tarde
demain soir	mañana por la noche
après-demain	pasado mañana
hier soir	anoche
tôt	temprano
tard	tarde
toujours	siempre
jamais	nunca

souvent	a menudo
parfois	a veces
de temps en temps	de vez en cuando
de plus en plus	cada vez más
de moins en moins	cada vez menos
encore	otra vez; aún, todavía
de nouveau	de nuevo
avant	antes
après	después
pendant	durante
depuis	desde
jusqu'à	hasta
ensuite	luego
puis	luego
alors	entonces
déjà	ya
maintenant	ahora, ya
plus tard	más tarde
pour l'instant	de momento
pendant ce temps	mientras tanto
pendant que	mientras que
récemment	recientemente
bientôt	dentro de poco; pronto
tôt	pronto
soudain	de repente, de pronto
tout à coup	de repente, de pronto
vite	deprisa
lentement	despacio
tout de suite	en seguida
dans un mois/une semaine	dentro de un mes/una semana
d'avance	por anticipado
par avance	de antemano

Un proverbe: mieux vaut tard que jamais (más vale tarde que nunca).

Algunos ejemplos:

c'est presque terminé (está casi acabado); *il est plutôt grand* (es más bien alto); *nous parlerons de ça plus tard* (ya hablaremos de eso más tarde); *j'arrive tout de suite* (ya voy); *il fait assez chaud* (hace bastante calor); *ils sont a peu près heureux* (son más o menos felices).

Tant pis! se utiliza tras un acontecimiento negativo: *tant pis pour toi!* (¡peor para ti!); *au pis-aller* (en el peor de los casos).

10 LA NATURE (la naturaleza)

❑ Le ciel et la terre	❑ *El cielo y la tierra*
le monde	el mundo
l'espace	el espacio
le cosmos	el cosmos
l'univers	el universo
l'astre	el astro
la planète	el planeta
l'étoile	la estrella
le soleil 1	el sol
le lever du soleil	la salida del sol
le coucher du soleil	la puesta del sol
la lune	la luna
l'ombre 2	la sombra
l'horizon	el horizonte
le nord	el norte
le sud	el sur
l'est	el este
l'ouest	el oeste
le levant	el levante
le couchant	el poniente
l'orient	el oriente
l'occident	el occidente
le pôle	el polo
l'arctique	el ártico
l'antarctique	el antártico
l'équateur	el ecuador
équatorial	ecuatorial
le Tropique du Cancer/ du Capricorne	el Trópico de Cáncer/ de Capricornio
tropical	tropical

NORD
UEST
EST
SUD
18
6
15
14
11
12
13
9

…« Vague de chaleur à Paris: 42 degrés à l'ombre… »
1
5
4
3
7
16
17

En las palabras *arctique* y *antarctique*, la -c no se pronuncia.
Le soleil (el sol): *le soleil se lève à l'est et se couche à l'ouest* (el sol sale por el este y se pone por el oeste); *un rayon de soleil* (un rayo de sol); *en août le soleil tape dur* (en agosto el sol pica mucho).
La lune (la luna): *pleine lune* (luna llena); *nouvelle lune* (luna nueva); *lune de miel* (luna de miel).
Observe:
au nord de, au sud de (al norte de, al sur de); *à l'horizon* (en el horizonte).
L'horoscope et les signes du zodiaque (el horóscopo y los signos del zodiaco): *Bélier, Taureau, Gémeaux, Cancer, Lion, Vierge, Balance, Scorpion, Sagittaire, Capricorne, Verseau, Poissons.*

❑ **La géographie**	❑ *La geografía*
le géologie	la geología
le relief	el relieve
le terrain	el terreno
le paysage	el paisaje
la plaine	la llanura
le plateau	la meseta
la chaîne de montagnes 3	la sierra
la cordillère	la cordillera
la montagne 4	la montaña
montagneux	montañoso
le mont	el monte
le pic	el pico
le sommet 5	la cumbre
le volcan 6	el volcán
le tremblement de terre	el terremoto
l'avalanche	el alud, la avalancha
la colline 7	la colina
le versant	la ladera, la vertiente
le flanc	la falda
la pente	la pendiente
la descente	la bajada, la pendiente

la côte	la cuesta
la montée	la cuesta, la subida
le col	el puerto
la vallée	el valle
le désert	el desierto
le bois	el bosque
la forêt 8	el bosque; la selva
touffu	tupido

La palabra *forêt* puede traducirse como 'bosque': *la forêt de Fontainebleau* (el bosque de Fontainebleau); o como 'selva': *la forêt amazonienne* (la selva amazónica); *la forêt vierge* (la selva virgen).
Observe:
la savane (la sabana); *une carte de géographie* (un mapa geográfico); *le bassin* (la cuenca); *le Bassin parisien* (la cuenca parisina).

❑ Les minéraux, les métaux	❑ *Los minerales, los metales*
la pierre	la piedra
le sable	la arena
la roche	la roca
rocheux	rocoso
le rocher 9	la peña, el peñasco
la grotte 10	la cueva, la gruta
la caverne	la cueva
la mine	la mina
le mineur	el minero
le charbon	el carbón
le marbre	el mármol
exploiter	explotar
creuser	excavar
extraire	extraer
le métal	el metal
métallique	metálico

le fer	el hierro
le cuivre	el cobre
l'or	el oro
l'argent	la plata
le plomb	el plomo
l'étain	el estaño
l'uranium	el uranio
le pétrole	el petróleo

Algunas expresiones con *fer*: *une main de fer dans un gant de velours* (puño de hierro en guante de terciopelo); *par le fer et par le feu* (con violencia, a sangre y fuego); *une santé de fer* (una salud de hierro); *l'Âge du fer* (la Edad de Hierro).
Observe:
un fer a cheval (una herradura); *en fer à cheval* (en forma de herradura).
Le pétrole (el petróleo): *un gisement pétrolifère* (un yacimiento petrolífero; *le (pétrole) brut* (el crudo); *le puits* (el pozo); *l'oléoduc* (el oleoducto); *la raffinerie* (la refinería).
Observe:
un escalier en marbre (una escalera de mármol); *une bague en or* (una sortija de oro); *une cuiller en argent* (una cuchara de plata). Nótese el uso de la preposición *en*.

❑ **L'eau, la mer**	❑ *El agua, el mar*
l'eau douce/salée	el agua dulce/salada
liquide	líquido
l'océan 11	el océano
la vague 12	la ola
la marée (haute, basse)	la marea (alta, baja)
l'île	la isla
le littoral	el litoral
la côte	la costa
la plage 13	la playa
le bord 14	la orilla, el borde del mar
la rive	la orilla, la ribera
au bord de la mer	al borde del mar

le détroit	el estrecho
la baie	la bahía
le golfe	el golfo
le cap 15	el cabo
la péninsule	la península
le port	el puerto
le fleuve	el río [grande]
la rivière	el río [pequeño]
le ruisseau 16	el arroyo
le torrent	el torrente
la source	la fuente, el manantial
le courant	la corriente
le lac	el lago
le marais	el pantano; la marisma
marécageux	pantanoso
la boue	el barro, el lodo
l'inondation	la inundación
le canal	el canal
le pont	el puente

Attention!: el género de mares y ríos no es siempre el mismo: *la Seine* (el Sena); *la Méditerranée* (el Mediterráneo); *le Nil* (el Nilo).
FAM → *la flotte* (el agua).
Observe:
le grand bleu (literalmente el gran azul, forma poética de designar el mar).

❑ **Le climat et le temps I**	❑ *El clima y el tiempo I*
l'atmosphère	la atmósfera
l'air	el aire
la température	la temperatura
le thermomètre 17	el termómetro
le baromètre	el barómetro
le bulletin météorologique	el parte meteorológico
il fait beau/mauvais (temps)	hace buen/mal tiempo

la chaleur	el calor
la vague de chaleur	la ola de calor
il fait chaud	hace calor
ensoleillé	soleado
la chaleur étouffante	el bochorno
la sécheresse	la sequía
sec	seco
chaud	caliente
suffocant	sofocante
tempéré	templado
tiède	tibio
doux	suave
le froid	el frío
il fait froid	hace frío
la neige	la nieve
neiger	nevar
la chute de neige	la nevada
les gelées	las heladas
la glace	el hielo
le verglas	el hielo [en la carretera]
geler	helar
la gelée blanche	la escarcha
le givre	la escarcha

Il fait (hace): *quel temps fait-il?* (¿qué tiempo hace?); *il fait très chaud/très froid* (hace mucho calor/mucho frío); *il fait du soleil* (hace sol); *il fait une chaleur étouffante, il fait lourd* (hace bochorno); *il fait trente degrés à l'ombre* (hace treinta grados a la sombra); *il fait un froid de canard* (hace un frío que pela); *il fait/il y a du vent* (hace viento).
Quelques extraits de bulletins météorologiques (algunos extractos del parte meteorológico): *temps sec et ensoleillé* (tiempo seco y soleado); *ciel dégagé dans le Nord* (cielo despejado en el Norte); *les températures seront douces* (las temperaturas serán suaves); *températures maximales de 25 degrés* (temperaturas máximas de 25 grados); *légère baisse des températures* (ligero descenso de las temperaturas); *il neigera sur les Alpes* (habrá nevadas en los Alpes).

❑ Le climat et le temps 2	❑ *El clima y el tiempo 2*
le nuage 18	la nube
nuageux	nuboso, nublado
la pluie	la lluvia
pleuvoir	llover
il pleut à torrents	llueve a cántaros
pluvieux	lluvioso
la goutte	la gota
la pluie fine	la llovizna
la bruine	la llovizna
l'averse	el chubasco, el aguacero
humide	húmedo
mouiller	mojar
le brouillard	la niebla
la brume	la neblina
la vapeur	el vapor
la grêle	el granizo
le vent	el viento
une rafale	una ráfaga/una racha de viento
la brise	la brisa
souffler	soplar
l'orage	la tormenta
la tempête	la tempestad, el temporal
le tonnerre	el trueno
l'éclair	el relámpago
la foudre	el rayo
l'arc-en-ciel	el arco iris
le cyclone	el ciclón
l'ouragan	el huracán

Une tempête dans un verre d'eau (una tempestad en un vaso de agua).
Otros extractos de parte meteorológico, (popularmente *la «météo»*): *ciel très nuageux avec pluies le matin* (cielo muy nuboso con lluvias por la mañana); *l'après-midi il y aura des* →

orages (por la tarde habrá tormentas); *une forte tempête sur la mer du Nord* (un fuerte temporal en el mar del Norte); *vents faibles ou modérés* (vientos flojos o moderados); *vents soufflant en rafales* (vientos racheados).
FAM → *il tombe des hallebardes* (caen chuzos de punta).

11 PLANTES (plantas)

❑ Arbres et plantes	❑ *Árboles y plantas*
l'arbre	el árbol
les arbres fruitiers	los árboles frutales
le tronc 1	el tronco
la branche 2	la rama
la racine 3	la raíz
l'écorce	la corteza
la feuille 4	la hoja
le peuplier blanc	el álamo blanco
le peuplier noir	el chopo
le chêne vert	la encina
l'yeuse	la encina
le chêne (rouvre)	el roble
le chêne-liège	el alcornoque
l'orme	el olmo
le sapin 5	el abeto
le pin	el pino
la pomme de pin	la piña
le cyprès	el ciprés
le platane	el plátano
le bananier	el plátano, el banano
le bouleau 6	el abedul
le saule pleureur	el sauce llorón
le palmier	la palmera
la palme	la palma
le pommier	el manzano
l'olivier	el olivo
l'amandier	el almendro
l'oranger	el naranjo
le citronnier 7	el limonero
le figuier	la higuera
la vigne	la vid

1
2
3
4

6
7
13
11
5
17
10
15
9
8
12
16

la ronce	la zarza
le champignon	la seta

Attention!: *champignon* es el término genérico para designar cualquier clase de seta; el champiñón de cultivo o «de París» se conoce como *champignon de couche*.
Observe:
un cèpe (un boleto); *un bois de chênes verts* (un encinar); *une pinède* (un pinar); *une oliveraie* (un olivar); *une chênaie* (un robledal); *une allée de peupliers* (una alameda).
Expresión figurada: *être solide comme un chêne* (estar como un roble).

❑ **Plantes et fleurs**	❑ *Plantas y flores*
la semence	la semilla, la simiente
la graine	el grano, la semilla
la tige 8	el tallo
le pétale 9	el pétalo
la fleur	la flor
le bouquet	el ramo, el ramillete
le pot (à fleurs)	el tiesto, la maceta
la rose 10	la rosa
le rosier 11	el rosal
l'œillet 12,	el clavel
le géranium 13	el geranio
la marguerite	la margarita
la giroflée	el alhelí
le lis 15	la azucena
l'iris	el lirio
le tournesol	el girasol
l'agave	la pita
le figuier de Barbarie	la chumbera
le roseau	la caña
la canne à sucre	la caña de azúcar
le chèvrefeuille	la madreselva
l'herbe 16	la hierba
le gazon	el césped

la pelouse	el césped
la mousse 17	el musgo
pousser	crecer
fleurir	florecer
fleuri	florido
faner	marchitarse
flétrir	marchitarse
sécher	secarse
couper	cortar
tailler	podar

Una cita proverbial: «*il faut cultiver notre jardin*», Voltaire. 'Hemos de cultivar nuestro jardín', es decir, hay que trabajar sin perderse en futilidades.
Un verso: «*cueillez dès aujourd'hui les roses de la vie*», Ronsard. Verso epicúreo que incita a disfrutar del presente. Literalmente: coged desde hoy las rosas de la vida.
Adage: «*l'homme est un roseau pensant*», Pascal. El ser humano es tan frágil como una caña, pero gracias al pensamiento consigue dominar la materia.
Observe:
un jardin d'enfants (una guardería infantil).
La fleur de lis (flor de lis) es un emblema que fue utilizado por diferentes reyes. Hoy en día es el emblema del Quebec.

12 LÉGUMES ET FRUITS (hortalizas y frutas)

❑ Les légumes	❑ *Las hortalizas*
les légumes	las hortalizas, las verduras
les légumes secs	las legumbres
la pomme de terre 1	la patata
la carotte 2	la zanahoria
le navet	el nabo
le radis	el rábano
le chou 3	la col
le chou-fleur 4	la coliflor
la laitue 5	la lechuga
l'épinard	la espinaca
la tomate 6	el tomate
le céleri	el apio
le poireau 7	el puerro
le petit pois 8	el guisante
le haricot 9	la judía
le pois chiche	el garbanzo
la fève	el haba
la lentille	la lenteja
le riz	el arroz
le melon 10	el melón
la pastèque	la sandía
le poivron 11	el pimiento
la courgette	el calabacín
l'aubergine 12	la berenjena
le concombre 13	el pepino
l'artichaut	la alcachofa
l'asperge	el espárrago
l'ail 14	el ajo
l'oignon 15	la cebolla

9
19
23
24
8
21

15
14
3
12
7
13
10
5
6
4
22
11
2
20
16
1
17
18

Observe:

un (jardin) potager (un huerto); *une plante potagère* (una hortaliza); *des légumes frais* (verduras frescas); *légume (à feuille verte)* [verdura]; *les légumes secs* (las legumbres).

FAM → *une grosse légume* (un pez gordo).

El introductor en Europa de *la pomme de terre*, la patata (literalmente, manzana de tierra), como alimento humano fue el ilustre Parmentier. Ciertos platos rinden homenaje a este personaje (ej.: *hachis Parmentier*).

Attention!: *les pommes frites* es la mención usual y abreviada de *les pommes de terre frites* (las patatas fritas), por lo que no debe confundirse con las manzanas fritas. También se designan, de forma aún más breve, como *les frites*.

❑ **Les fruits**	❑ *Las frutas*
le fruit	la fruta
le noyau 16	el hueso
la pomme 17	la manzana
la poire 18	la pera
la cerise 19	la cereza
la prune	la ciruela
la pêche 20	el melocotón
l'abricot	el albaricoque
le coing	el membrillo
la fraise 21	la fresa; el fresón
la framboise 22	la frambuesa
la groseille	la grosella
le raisin	la uva
la grappe de raisin	el racimo de uva
l'orange	la naranja
le citron 23	el limón
le pamplemousse	el pomelo
l'ananas	la piña
l'avocat	el aguacate
la banane	el plátano
l'olive	la aceituna
la figue	el higo

la noix 24	la nuez
la noisette	la avellana
l'amande	la almendra
la châtaigne	la castaña
le marron	la castaña
vert	verde
mûr	maduro
juteux	jugoso
exotique	exótico

Un proverbe: c'est au fruit qu'on connait l'arbre (por los frutos se conoce el árbol).
Observe:
un (jardin) verger (un vergel, un huerto de árboles frutales); *des fruits véreux* (unas frutas agusanadas); *un vin fruité* (un vino afrutado); *le fruit défendu* (la fruta prohibida); *salade/macédoine de fruits* (macedonia de frutas); *la culture des arbres fruitiers* (el cultivo de árboles frutales).
Attention!: en la Suiza de habla francesa *une fruitière* es 'una quesería', y *un maître fruitier* un artesano que produce queso.
Le marron es un fruto comestible, de una variedad de castaño.
Les marrons glacés son castañas confitadas en azúcar.

13 LES ANIMAUX (los animales)

❑ Les animaux domestiques	❑ *Los animales domésticos*
l'animal	el animal
le chien	el perro
aboyer	ladrar
le chat	el gato
miauler	maullar
le lapin	el conejo
le cheval 1	el caballo
la jument	la yegua
le poulain	el potro
le taureau	el toro
le bœuf	el buey
la vache	la vaca
le veau	el ternero
l'âne	el burro
la mule	la mula
le cochon	el cerdo
le porc	el cerdo
la brebis	la oveja
le mouton	el carnero
l'agneau	el cordero
la chèvre 2	la cabra
le lama	la llama
la vigogne	la vicuña
le troupeau	el rebaño
la patte 3	la pata
la queue 4	la cola, el rabo
le sabot	el casco
la corne 5	el cuerno
les volailles	las aves de corral
la poule	la gallina

1
3
4
7
8
9
10
11
12
13
14
16
18
21
24

19
5
15
23
2
6
17
20
22

le coq	el gallo
le poussin	el polluelo
le canard 6	el pato
le dindon, la dinde	el pavo, la pava
l'oie	el ganso

En francés, como en español, los animales figuran en numerosas expresiones, en ocasiones idénticas:

chat échaudé craint l'eau froide (gato escaldado del agua fría huye); *être un vieux renard* (ser perro viejo); *être myope comme une taupe* (no ver tres en un burro); *il y a anguille sous roche* (hay gato encerrado); *traiter quelqu'un comme un chien* (tratar a alguien como a un perro); *ne pas attacher ses chiens avec des saucisses* (no atar perros con longanizas); *s'ennuyer comme un rat mort* (aburrirse como una ostra); *être comme un poisson dans l'eau* (estar como pez en el agua).

Observe:

entre chien et loup (a la hora del crepúsculo).

❑ Les animaux sauvages — ❑ *Los animales salvajes*

le lièvre 7	la liebre
le rat	la rata
la souris 8	el ratón
l'écureuil 9	la ardilla
le hérisson	el erizo
le singe	el mono
la guenon	la mona
le renard 10	el zorro
le loup 11	el lobo
le lion	el león
le tigre	el tigre
féroce	feroz
la cage	la jaula
rugir	rugir
mordre	morder
la griffe	la garra

la proie	la presa
le cerf 12	el ciervo
la biche	la cierva
le sanglier	el jabalí
l'ours (brun/blanc)	el oso (pardo/polar)
le chameau	el camello
l'éléphant	el elefante
la girafe	la jirafa
la baleine	la ballena
le dauphin	el delfín
le phoque	la foca
la chauve-souris 13	el murciélago

Los animales se expresan de forma distinta en cada país, como ilustran los ejemplos siguientes: el perro → *ouah, ouah* (guau, guau); el gato → *miaou, miaou* (miau, miau); la vaca → *meuh* (muu); el cordero → *bé* (bee); el burro → *hi-han* (hi, ha); el gallo → *cocorico* (quiquiriquí); el pato → *coin-coin* (cuac, cuac); la gallina → *cot-cot* (clo, clo); el pollito → *cui-cui* (pío, pío).

❑ **Oiseaux et poissons**	❑ *Aves y peces*
l'oiseau	el ave
le petit oiseau	el pájaro, el pajarito
l'hirondelle 14	la golondrina
le moineau	el gorrión
le rossignol	el ruiseñor
la colombe	la paloma
le pigeon	la paloma
la perdrix	la perdiz
le corbeau 15	el cuervo
l'aigle	el águila
le condor	el cóndor
le vautour	el buitre
la cigogne	la cigüeña
la mouette 16	la gaviota
le cygne 17	el cisne

le perroquet	el loro, el papagayo
l'aile 18	el ala
la plume	la pluma
le bec	el pico
le nid 19	el nido
voler	volar
le poisson	el pez
la sardine	la sardina
la morue	el bacalao
le colin	la merluza
le thon	el atún, el bonito
la daurade	la dorada
le rousseau	el besugo
l'anchois	el boquerón
la truite	la trucha
le saumon	el salmón
le requin	el tiburón
la nageoire	la aleta

Un proverbe: *«petit poisson deviendra grand»*, La Fontaine. Dícese de aquella persona o cosa que con el tiempo crecerá.

Observe:

quand les poules auront des dents (cuando las ranas críen pelo); *finir en queue de poisson* (dícese de algo que termina de forma poco satisfactoria); *l'espadon*, el emperador o pez-espada; *l'huile de foie de morue* (el aceite de hígado de bacalao).

La palabra *requin* (tiburón), proviene etimológicamente de *requiem*, a causa de la muerte rápida que provoca.

Attention!: no confundir (¡sobre todo al sentarse a la mesa!) *poisson* (pez, pescado) y *poison*, veneno.

La locución *poisson d'avril!* se emplea al hacer una inocentada, en alusión a la broma tradicional francesa que se celebra el primero de abril y que corresponde a los monigotes que se cuelgan en España en la festividad de los Santos Inocentes (28 de diciembre).

Observe:

oiseau migrateur (ave migratoria); *oiseau de proie* (ave de presa; *oiseau de mauvais augure* (pájaro de mal agüero); *un drôle d'oiseau* (¡un buen pájaro!, un pájaro de cuenta).

❑ Mollusques, insectes, reptiles	❑ *Moluscos, insectos, reptiles*
le coquillage	el marisco
la coquille	la concha
l'huître	la ostra
la moule	el mejillón
le crabe	el cangrejo de mar
la langouste	la langosta
le calmar	el calamar
l'encornet	el calamar
l'oursin	el erizo de mar
l'escargot 20	el caracol
l'insecte	el insecto
le bourdonnement	el zumbido
bourdonner	zumbar
la piqûre (d'un insecte)	la picadura
piquer	picar
l'abeille	la abeja
la ruche	la colmena
la guêpe	la avispa
la mouche	la mosca
le moustique	el mosquito
le papillon	la mariposa
la fourmi	la hormiga
l'araignée 21	la araña
la toile d'araignée	la telaraña
la puce	la pulga
le ver	el gusano
la grenouille 22	la rana
le crapaud	el sapo
le reptile	el reptil
le serpent 23	la serpiente
la vipère	la víbora
le venin	el veneno
le poison	el veneno
venimeux	venenoso
la couleuvre	la culebra

le lézard (vert)	el lagarto
le lézard (gris) 24	la lagartija
le crocodile	el cocodrilo
la tortue	la tortuga

Observe:

les crustacés (los crustáceos): *la crevette* (la gamba); *la gamba* (el langostino); *la langoustine* (la cigala); *une crevette grise* (un camarón); *la langouste* (la langosta). Nótese como el francés ha adoptado la palabra *gamba*... para el langostino.

Avaler des couleuvres (sufrir afrentas sin rechistar, tragar quina).

Manger la grenouille (literalmente, comerse la rana) significa apoderarse de fondos aquél a quien fueron confiados.

Las *cuisses de grenouille* (ancas de rana) son un manjar muy apreciado en Francia.

14 LA VIE À LA CAMPAGNE (la vida en el campo)

❑ Agriculture et élevage	❑ *Agricultura y ganadería*
la campagne 1	el campo
le paysan	el campesino
l'agriculteur	el agricultor
agricole	agrícola
rural	rural
le village 2	el pueblo
le hameau	el caserío
la ferme 3	la granja
le fermier 4	el granjero
la propriété	la propiedad
le domaine	la finca
le terrain	el terreno
le propriétaire terrien	el terrateniente
la cour	el corral
la basse-cour	el corral
le poulailler	el gallinero
l'étable 5	el establo
le hangar	el cobertizo
le mur de clôture 6	la tapia
le moulin (à vent)	el molino (de viento)
le puits	el pozo
le pré 7	el prado
le blé	el trigo
le maïs	el maíz
le grain 8	el grano
la paille	la paja
le foin 9	el heno
le bétail 10	el ganado
l'élevage	la ganadería
l'éleveur	el ganadero
élever	criar
le berger 11	el pastor

1
2
3
4
5
6
7
8
9
10
11
12
13
14

> Observe:
> *une maison de campagne* (una casa de campo); *le dépeuplement des campagnes* (la despoblación del campo); *un champ de blé* (un campo de trigo); *les agriculteurs* (los trabajadores del campo); *les paysans* (los labradores); *une ferme* (una granja); *une propriété rurale* (una finca rústica); *le gros bétail* (el ganado mayor); *le petit bétail* (el ganado menor).
> Expresión: *il est bête à manger du foin* (es tonto del bote).
> *Paysan*, empleado como adjetivo y según el contexto, puede tener una connotación peyorativa y referirse a alguien palurdo.

❑ **Les travaux des champs**	❑ *Las labores del campo*
la culture	el cultivo
cultiver	cultivar
labourer	labrar
le tracteur 12	el tractor
la charrue	el arado
le sillon	el surco
l'engrais	el abono
semer	sembrar
planter	plantar
arroser	regar
l'arrosage	el riego
le terrain irrigable	el regadío
le canal d'irrigation	la acequia, el canal de riego
l'arrosoir 13	la regadera
la récolte	la cosecha
récolter	cosechar
la moissonneuse-batteuse	la cosechadora-trilladora
la récolte	cosecha
la cueillette	la recolección
cueillir	coger
arracher	arrancar
la moisson	la siega
faucher	segar
moissoner	segar

le battage	la trilla
battre (les céréales)	trillar
la vendange	la vendimia
vendanger	vendimiar
le vendangeur	el vendimiador
le viticulteur	el viticultor
le vigneron	el viñador
la vigne	la viña
le tonneau 14	la barrica, el tonel

Observe:

culture intensive/extensive (cultivo intensivo/extensivo); *culture maraîchère* (horticultura); *la charrue* (el arado); *la culture de la vigne* (el cultivo de la vid); *tailler les vignes* (podar las vides); *le vignoble* (el viñedo); *la feuille de vigne* (la hoja de parra); *le cru d'une vigne* (el vino de un viñedo); *le vigneron* (el viñador); *la treille* (la parra).

Être dans les vignes du Seigneur (estar borracho como una cuba).

Un proverbe: il ne faut pas mettre la charrue avant les bœufs (no hay que empezar la casa por el tejado).

15 LA VIE URBAINE (la vida urbana)

❑ La ville	❑ *La ciudad*
la population	la población
la capitale	la capital
le centre(-ville)	el centro
central	céntrico
le quartier	el barrio
résidentiel	residencial
le grand ensemble	el núcleo residencial
la résidence	la urbanización
la banlieue	el suburbio
le faubourg	el arrabal
les environs	las afueras
les alentours	los alrededores
le train de banlieue	el tren de cercanías
la cité-dortoir	la ciudad dormitorio
les taudis	las chabolas
le bidonville	el barrio de chabolas
le plan de la ville	el plano de la ciudad
la rue	la calle
l'avenue	la avenida
la promenade	el paseo
le cours	el paseo, la alameda
la place	la plaza
la chaussée	la calzada
le trottoir	la acera
le lampadaire	la farola
le kiosque	el quiosco
le parc	el parque
le banc	el banco
la fontaine	la fuente
le bassin	el estanque
le jet d'eau	el surtidor
le zoo	el zoo

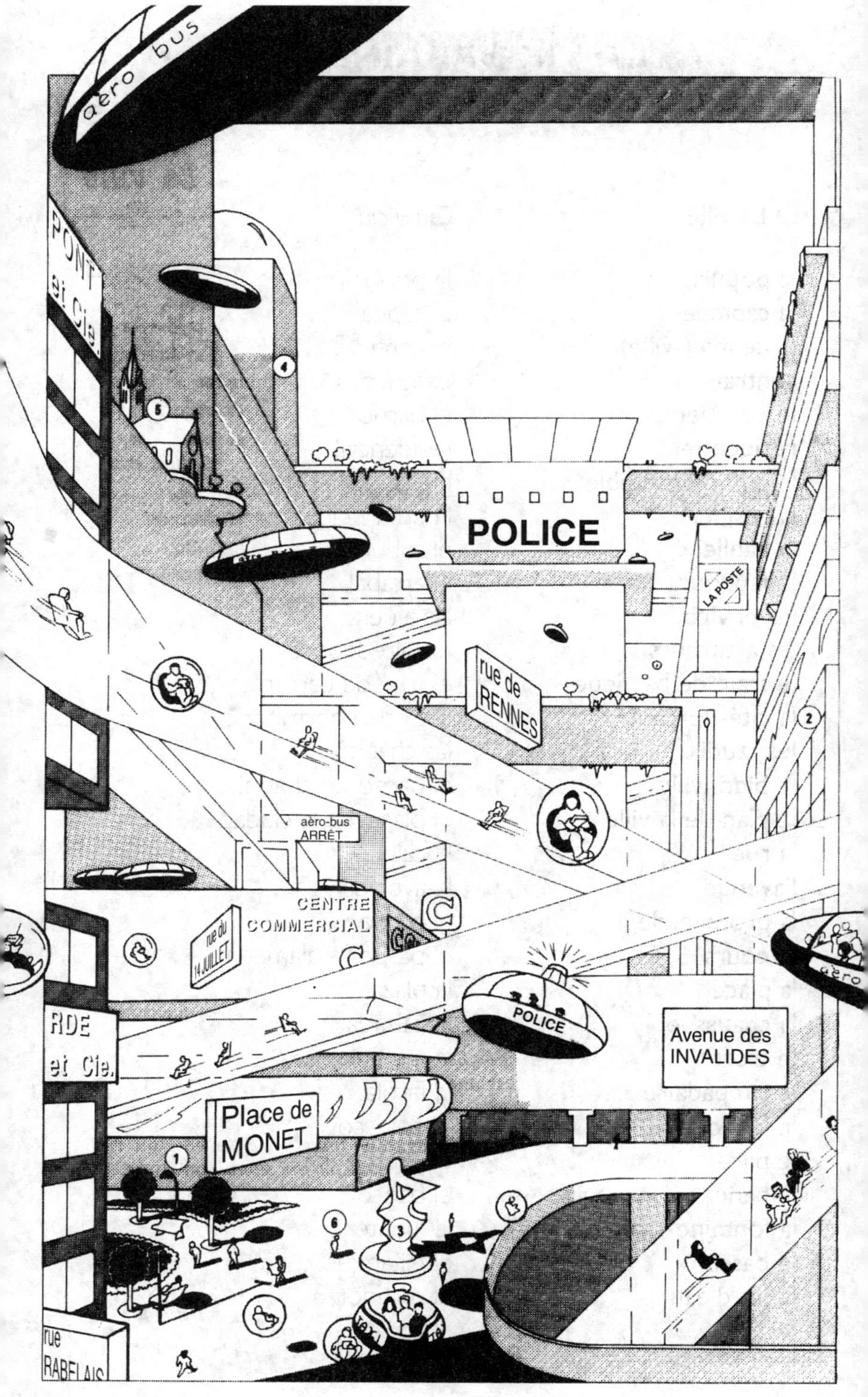

aèro bus
PONT et Cie.
POLICE
LA POSTE
rue de RENNES
aèro-bus ARRÊT
CENTRE COMMERCIAL
rue du 14 JUILLET
RDE et Cie.
POLICE
Avenue des INVALIDES
Place de MONET
TAXI
rue RABELAIS
1
2
3
4
5
6

Observe:

le centre-ville (el centro de la ciudad, el casco urbano); *le centre historique* (el casco antiguo); *les quartiers périphériques* (los barrios periféricos); *le taudis* (el tugurio, la chabola); *un bidonville* (un barrio de chabolas).

Une H.L.M. (habitation à loyer modéré) es el equivalente a una vivienda de protección oficial.

Observe:

une rue commerçante (una calle comercial); *une rue piétonnière* (una calle peatonal); *une ruelle* (una callejuela); *une impasse, un cul-de-sac* (un callejón sin salida); *une promenade* (un paseo); *le boulevard* (el bulevar); *l'arrondissement* (el distrito municipal); *le faubourg*, el arrabal.

Cuando el término *faubourg* aparece en el nombre de una calle, por ej. *le faubourg St. Germain*, indica que la misma se situaba en el pasado en las afueras de la ciudad.

Les Grands Boulevards son los bulevares parisinos que van de la plaza de la République hasta la Madeleine.

Le seizième hace referencia al distrito 16° de París, el barrio más lujoso de la capital, que es sinónimo de un estilo de vida suntuosa.

❑ **La ville, les bâtiments**	❑ *La ciudad, los edificios*
le terrain à bâtir	el solar
l'édifice	el edificio
le bâtiment 2	el edificio
le monument 3	el monumento
le pâté de maisons	la manzana (de casas)
le coin	la esquina
l'angle	la esquina
les arcades	los soportales
le gratte-ciel	el rascacielos
la tour 4	la torre
l'hôtel de ville	el ayuntamiento
la mairie	el ayuntamiento
le maire	el alcalde
municipal	municipal
le palais	el palacio

la cathédrale	la catedral
l'église 5	la iglesia
le cimetière	el cementerio
le musée	el museo
le théâtre	el teatro
l'opéra	la ópera
la bibliothèque	la biblioteca
l'hôpital	el hospital
le parking souterrain	el aparcamiento subterráneo
(se) garer	aparcar
stationner	estacionar, aparcar
stationnement interdit	prohibido aparcar
tranquille	tranquilo
bruyant	ruidoso
le bruit	el ruido
fréquenté	concurrido
passant	concurrido; de mucho tráfico

Observe:

le café du coin (el café de la esquina); *ma maison est à l'angle de la rue de Rennes* (mi casa hace esquina con la calle de Rennes).

FAM → *la zone*: históricamente se trataba de los arrabales miserables situados en los terrenos de las antiguas fortificaciones de París. En la actualidad y por analogía hace referencia a cualquier barrio periférico miserable. El término peyorativo *zonard* designa a un habitante de *la zone*.

❑ **Les habitants, les transports**	❑ *Los habitantes, los transportes*
l'habitant	el habitante; el vecino
habiter	vivir
le voisin	el vecino
la foule	la muchedumbre

le passant	el transeúnte
le piéton 6	el peatón
le passage pour piétons	el paso de peatones
le feu tricolore	el semáforo
le croisement	el cruce
traverser	cruzar
renverser	atropellar
pousser	empujar
faire la queue	hacer cola
la file	la fila, la cola
le métro	el metro
la station (de métro)	la estación (de metro)
le tramway	el tranvía
l'autobus	el autobús
le bus	el bus
le couloir à autobus	el carril-bus
le receveur	el cobrador
l'arrêt (d'autobus)	la parada (del autobús)
le taxi	el taxi
le chauffeur de taxi	el taxista
l'embouteillage	el atasco, el embotellamiento
la police	la policía
le policier	el policía
le commissariat de police	la comisaría de policía
l'agent	el guardia urbano
le gardien de nuit	el vigilante nocturno
surveiller	vigilar
l'ordre public	el orden público

Observe:
avant ils habitaient (à) Toulouse (antes vivían en Toulouse); *maintenant ils habitent (à) Paris* (ahora viven en París); *ils habitent le quartier de la Défense* (son vecinos del barrio de la Défense).
S'arrêter à un feu rouge (pararse en un semáforo en rojo); →

brûler un feu rouge (saltarse un semáforo en rojo); *le feu passe au vert* (el semáforo se pone en verde); en sentido figurado, *donner le feu vert à...* (dar luz verde a...); *passer à l'orange est dangereux* (pasar en ámbar es peligroso).

❑ **Les services publics**	❑ *Los servicios públicos*
le bureau de poste	la oficina de correos
le courrier	el correo
la lettre	la carta
l'enveloppe	el sobre
le timbre	el sello
coller	pegar
l'adresse	la dirección, las señas
le code postal	el código postal
la carte postale	la tarjeta postal
le facteur	el cartero
la boîte aux lettres	el buzón
mettre une lettre à la boîte	echar una carta al buzón
envoyer	enviar
le télégramme	el telegrama
urgent	urgente
le mandat	el giro postal
la poste restante	la lista de correos
le téléphone	el teléfono
la cabine téléphonique	la cabina telefónica
l'annuaire du téléphone	la guía telefónica
téléphoner	llamar por teléfono, telefonear
décrocher/raccrocher le combiné	descolgar/colgar el auricular
le numéro	el número
composer un numéro	marcar un número
une communication	una conferencia
un coup de fil	una llamada, un telefonazo
le pompier	el bombero

l'incendie	el incendio
secourir	socorrer
l'éboueur	el basurero
les ordures	la basura

Observe:

l'expéditeur et le destinataire d'une lettre (el remitente y el destinatario de una carta); *je voudrais envoyer cette lettre par avion* (quiero enviar esta carta por avión); *où y a-t-il une boîte aux lettres, s'il vous plaît?* (¿dónde hay un buzón, por favor?); *à quelle heure y a-t-il une levée?* (¿a qué hora hay recogida?).

Où y a-t-il une cabine téléphonique? (¿dónde hay una cabina telefónica?); *je voudrais téléphoner à Besançon* (quisiera llamar a Besançon); *ça ne répond pas* (no contestan); *c'est occupé* (está comunicando); *on nous a coupé* (nos han cortado); *je me suis trompé(e) de numéro* (me he equivocado de número); *ne quittez pas* (no se retire, no cuelgue); *je vous le passe* (se lo paso); *quel numéro de poste, s'il vous plait?* (¿qué número de extensión, por favor?); *je suis désolé(e), il est absent* (lo siento, en este momento no está); *veuillez patienter* (espere por favor); *voulez-vous laisser un méssage?* (¿quiere dejar algún mensaje?).

Existe en Francia un pequeño terminal llamado *Minitel*, comercializado por *les P.T.T (Poste Télégraphe Téléphone*, pronúnciese *PéTéTé*, equivalente a Correos) que sirve para consultar bases de datos.

16 LE COMMERCE (el comercio)

❑ Les boutiques — ❑ *Las tiendas*

le magasin	la tienda
la boutique 1	la tienda
les grands magasins 2	los grandes almacenes
le rayon	la sección, el departamento
la succursale	la sucursal
le marché	el mercado
le supermarché 3	el supermercado
l'hyper(marché)	el hipermercado, el híper
le self-service	el autoservicio
le libre-service	el autoservicio
la boulangerie	la panadería
le boulanger	el panadero
la pâtisserie	la pastelería
la boucherie	la carnicería
le boucher	el carnicero
la poissonnerie	la pescadería
l'épicerie	la tienda de comestibles
l'épicier	el tendero
la pharmacie	la farmacia
le pharmacien	el farmacéutico
la bijouterie 4	la joyería
la librairie	la librería
le marchand de couleurs	la droguería
le droguiste	el droguero
la quincaillerie	la ferretería
la teinturerie	el tinte, la tintorería
la laverie automatique	la lavandería
le bureau de tabac	el estanco

Écoute Henriette! Vas chez le marchand de couleurs et achète du savon et du détergent.
CONFITURES, FRUITS AU SIROP, LIQUEURS
Le Gourmet
RESTAURANT
LES LANDES
ALIMENTATION
LIBRAIRIE UNIVERSITAIRE
SALON DE COIFFURE POUR DAMES
BOULANGERIE L'ÉPI DORÉE

GALERIES
LAFAYETTE
2
PERMARCHÉ
3
SOLDES
1
PHARMACIE
HÔTEL
ALTON
Fleuriste
Flora
4
SUPER
UPER

le salon de coiffure	la peluquería
le coiffeur	el peluquero
la cordonnerie	la zapatería
le magasin de chaussures	la zapatería
le cordonnier	el zapatero
la devanture 5	el escaparate
la vitrine	el escaparate
l'enseigne (au néon)	el letrero (de neón)

Les différents circuits de distribution des biens (los diferentes canales de distribución de productos): *les commerces traditionnels, les magasins de proximité* (las tiendas tradicionales, los comercios de barrio); *les magasins spécialisés, les franchises* (las tiendas especializadas, las franquicias); *les grands magasins* (los grandes almacenes); *supermarchés et hypermarchés* (supermercados e hipermercados); *la vente par correspondance* (la venta por correo); *le téléachat, la distribution automatique* (la telecompra, la venta automática).
Observe:
bail à céder (se traspasa).

❑ Hôtels, restaurants — ❑ *Hoteles, restaurantes*

l'hôtel	el hotel
la chaîne d'hôtels	la cadena de hoteles
la pension	la pensión
la pension de famille	la casa de huéspedes
l'auberge	la fonda, el hostal
réserver	reservar
descendre (dans un hôtel)	parar (en un hotel)
loger	alojarse
la pension complète	la pensión completa
la demi-pension	la media pensión
la chambre	la habitación
la haute/basse saison	la temporada alta/baja
le restaurant	el restaurante

le café	el café
le bar	el bar; la barra
le comptoir	la barra
prendre une bière au comptoir	tomar una cerveza en la barra
les amuse-gueule	las tapas
un plat typiquement français	un plato típico francés
la terrasse 6	la terraza
le bistrot	la taberna, la tasca
le snack-bar 7	la cafetería
la brasserie	la cervecería
le serveur	el camarero
le garçon 8	el camarero
le service	el servicio
servir	servir
l'addition	la cuenta
le pourboire	la propina
le club	el club
le casino	el casino

À l'hôtel (en el hotel): *avez-vous une chambre libre?* (¿tienen ustedes una habitación libre?); *une chambre pour une personne/pour deux personnes* (una habitación individual/doble); *une chambre à deux lits/avec un lit à deux personnes* (una habitación de dos camas/con cama de matrimonio).

Observe:

Garçon!, apportez-moi la carte s'il vous plaît (¡camarero!, tráigame la carta, por favor); *le menu* (el menú); *le plat du jour* (el plato del día); *service compris/non compris* (servicio incluido/no incluido).

Un relais es un albergue. Históricamente los *relais de poste* (las casas de postas) estaban preparados para renovar los caballos en los trayectos largos, misión que hoy en día cubren *les stations-service* (las estaciones de servicio).

Les amuse-gueule, palabra invariable y familiar (a veces se utiliza *amuse-bouche*), son un tipo de *hors-d'œuvre* (entremeses) que se sirven a la hora del aperitivo.

❑ Acheter et vendre — ❑ *Comprar y vender*

l'achat	la compra
l'acheteur	el comprador
la vente	la venta
le vendeur 9	el vendedor
à vendre	se vende
le vendeur, la vendeuse	el dependiente, la dependienta
le client 10	el cliente
servir (un client)	atender
on s'occupe de vous?, on vous sert?	¿le atienden?
envelopper	envolver
emballer	embalar, envolver
la marchandise	la mercancía
l'article 11	el artículo
l'échantillon	la muestra
la marque	la marca
le prix 12	el precio
coûter	costar
la caisse	la caja
livrer	entregar
le commerçant	el comerciante
commercial	comercial
la foire	la feria
importer	importar
exporter	exportar
les soldes	las rebajas
la remise	la rebaja, el descuento
le rabais	la rebaja, el descuento
solder	rebajar
l'offre	la oferta
l'article en promotion	el artículo en promoción
facilités de paiement	facilidades (de pago)
la concurrence	la competencia

Observe:

faire ses provisions (hacer la compra); *aller faire son marché/ses provisions* (ir a la compra); *aller faire des courses* (ir de compras); *le panier à provisions* (la cesta de la compra; en el sentido de gastos de alimentación, *le panier de la ménagère*); *le sac en plastique/en papier* (la bolsa de plástico/de papel); *le caddie* (el carrito).

C'est combien?, ça fait combien? (¿cuánto es?); *combien ça coûte?* (¿cuánto cuesta?); *combien coûtent les bananes?* (¿cuánto cuestan los plátanos?); *c'est combien le kilo?* (¿a cuánto es el kilo?); *je vous dois combien?* (¿cuánto le debo?).

Attention!: *une rue commerçante* (una calle comercial), pero *un centre commercial* (un centro comercial).

17 L'ARGENT (el dinero)

❑ L'argent	❑ *El dinero*
la monnaie	la moneda
une pièce de monnaie 1	una moneda
le porte-monnaie	el monedero
rendre la monnaie	dar la vuelta, dar el cambio
la petite monnaie	el (dinero) suelto, la calderilla
avoir de la monnaie	tener suelto
la monnaie de 2 euros	el cambio de 2 euros
le billet (de banque)	el billete (de banco)
le centime	el céntimo
le prix	el precio
la somme	la cantidad
le montant	el importe
riche 2	rico
la richesse	la riqueza
pauvre	pobre
la pauvreté	la pobreza
la misère	la miseria
le mendiant	el mendigo
l'aumône	la limosna
la fortune	la fortuna
le luxe	el lujo
luxueux	lujoso
le trésor	el tesoro
l'héritage	la herencia
bon marché	barato
cher 3	caro
économique	económico
précieux 4	valioso
gratuit	gratuito

Tu me prêtes six mille euros, Jean-Luc?
Je ne suis pas une banque, ma chérie. D'abord tu dois payer tes dettes.
1
2
3
4
5
ASSURANCE-VIE
POLICE

> Observe:
> *une robe bon marché, des livres bon marché* (un vestido barato, unos libros baratos); *un repas très cher* (una comida muy cara); *c'est très cher* (es muy caro); *avez-vous quelque chose à meilleur marché?* (¿tienen algo más barato?). Nótese que *bon marché* es invariable.
> FAM → *le fric, le pognon* (la pasta).
> *Quelle misère!* Se refiere a una cosa difícil, dolorosa.

❑ **À la banque**	❑ *En el banco*
la banque	el banco
bancaire	bancario
la caisse	la caja
le caissier	el cajero
le distributeur de billets	el cajero automático
la billetterie	el cajero automático
le chèque	el cheque
le carnet de chèques	el talonario de cheques
le virement bancaire	la transferencia bancaria
le compte courant	la cuenta corriente
verser au compte de...	abonar en la cuenta de...
la carte de crédit	la tarjeta de crédito
changer	cambiar
le bureau de change	la oficina de cambio
le coffre-fort 5	la caja fuerte
le salaire	el sueldo, el salario
gagner	ganar
encaisser	cobrar
toucher	cobrar
dépenser	gastar
les frais	los gastos
les dépenses	los gastos
les économies	los ahorros
la caisse d'épargne	la caja de ahorros
épargner	ahorrar
économiser	ahorrar
le développement	el desarrollo

la consommation	el consumo
la société de consommation	la sociedad de consumo
consommer	consumir
gaspiller	derrochar
le gaspillage	el derroche
l'inflation	la inflación
les prix ont grimpé/se sont envolés	los precios se han disparado/están por las nubes

> Observe:
> *le dollar est la devise la plus facile à échanger à l'étranger* (el dólar es la divisa más fácil de cambiar en el extranjero); *toucher un chèque* (cobrar un cheque); *il touche neuf cents euros par mois* (cobra novecientos euros al mes); *ce plombier prend trop cher* (este fontanero cobra demasiado).
> *Je ne peux vous accorder ce prêt* (no puedo concederle este préstamo); *un compte épargne rapporte des intérêts à son titulaire* (una cuenta de ahorro devenga intereses a su titular); *j'ai besoin d'une traite à l'échéance de trois mois/d'un montant de 3 000 euros* (necesito una letra de cambio pagadera en tres meses/por un valor de 3 000 euros); *est-ce que votre banque escompte les traites?* (¿su banco descuenta las letras?).

❑ Les affaires — ❑ *Los negocios*

l'homme d'affaires	el hombre de negocios
la société	la sociedad
la compagnie	la compañía
l'entreprise	la empresa
la propriété	la propiedad
le propriétaire	el propietario
posséder	poseer
le capital	el capital
les revenus	los ingresos
les recettes	los ingresos

le budget	el presupuesto
le bilan	el balance
le bénéfice	el beneficio
le gain	la ganancia
la faillite	la quiebra
s'enrichir	enriquecerse
le revenu	la renta
l'impôt sur le revenu	el impuesto sobre la renta
la T.V.A.	el I.V.A.
coûter	costar
valoir	valer
la valeur	el valor
la dette	la deuda
devoir	deber
payer	pagar
le paiement	el pago
le versement	el pago
emprunter	pedir prestado
prêter	prestar
rendre	devolver
rembourser	devolver
répartir	repartir
distribuer	repartir
investir	invertir
la Bourse	la Bolsa
les actions	las acciones
le taux d'intérêt	el tipo de interés
l'assurance	el seguro

Observe:

notre étude de marché a fait apparaître plusieurs segments (nuestro estudio de mercado ha identificado varios segmentos); *c'est par la marque que nous pourrons fidéliser nos clients* (podremos conseguir la fidelidad de nuestros clientes mediante a la marca); *le plan de marchéage permet le dosage optimal des actions à entreprendre pour lancer un produit* (el plan de marketing permite la combinación ópti-

→

ma de las acciones necesarias para lanzar un producto); *c'est à dire le produit, le prix, le canal de distribution et la publicité* (es decir el producto, el precio, el canal de distribución y la publicidad).

Payer comptant (pagar al contado); *payer en espèces* (pagar en efectivo).

Déposer le bilan (hacer suspensión de pagos).

L'assurance (el seguro): *l'assurance contre le vol, l'assurance-vie* (el seguro contra el robo, de vida); *la police d'assurances* (la póliza de seguros); *la compagnie d'assurances* (la compañía aseguradora).

18 COMPTER ET CALCULER (contar y calcular)

❑ Les nombres, le calcul	❑ *Los números, el cálculo*
le nombre	el número
le chiffre	la cifra
la partie	la parte
le total	el total
la moitié	la mitad
le double	el doble
le triple	el triple
la fraction	la fracción
le tiers 1	la tercera parte
le quart 2	la cuarta parte
le pourcentage	el porcentaje
demi	medio
unique	único
l'addition 3	la suma
la somme	la suma
additionner	sumar
soustraire 4	restar
multiplier 5	multiplicar
diviser 6	dividir
ôter	quitar
2 et 2 font 4	2 y 2 son 4
2 fois 2 font 4	2 por 2 son 4
18 divisé par 6 font 3	18 entre 6 son 3

0 *zéro*	11 *onze*	21 *vingt et un*	31 *trente et un*	300 *trois cents*
1 *un*	12 *douze*	22 *vingt-deux*	…	400 *quatre cents*
2 *deux*	13 *treize*	23 *vingt-trois*	40 *quarante*	500 *cinq cents*
3 *trois*	14 *quatorze*	24 *vingt-quatre*	50 *cinquante*	600 *six cents*
4 *quatre*	15 *quinze*	25 *vingt-cinq*	60 *soixante*	700 *sept cents*
5 *cinq*	16 *seize*	26 *vingt-six*	70 *soixante-dix*	800 *huit cents*
6 *six*	17 *dix-sept*	27 *vingt-sept*	80 *quatre-vingts*	900 *neuf cents*
7 *sept*	18 *dix-huit*	28 *vingt-huit*	90 *quatre-vingt-dix*	1 000 *mille*
8 *huit*	19 *dix-neuf*	29 *vingt-neuf*	100 *cent*	2 000 *deux mille*
9 *neuf*	20 *vingt*	30 *trente*	200 *deux cents*	1 000 000 *un million*
10 *dix*				1 000 000 000 *un milliard* (un millardo)

Combien de zéros tu as récolté cette semaine ?
VINGT !
ROCK

1er *premier*	7e *septième*	13e *treizième*	70e *soixante-dixième*
2e *deuxième/second*	8e *huitième*	20e *vingtième*	80e *quatre-vingtième*
3e *troisième*	9e *neuvième*	30e *trentième*	90e *quatre-vingt-dixième*
4e *quatrième*	10e *dixième*	40e *quarantième*	100e *centième*
5e *cinquième*	11e *onzième*	50e *cinquantième*	1 000e *millième*
6e *sixième*	12e *douzième*	60e *soixantième*	

Se utiliza *second* cuando no hay tercero. Si lo hubiera, diríamos: *premier, deuxième, troisième...*
Todos los números por debajo de cien llevan un guión: 99, *quatre-vingt-dix-neuf*; pero 101, *cent un*.
Mille es invariable. Pero *cent* y *vingt* llevan una -s de plural cuando no hay ningún número más detrás: 200, *deux cents*; 202, *deux cent deux*.

❑ Poids et mesures — ❑ *Pesos y medidas*

calculer	calcular
mesurer	medir
l'unité, les unités	la unidad, las unidades
la longueur	la longitud
le mètre	el metro
le millimètre	el milímetro
le centimètre	el centímetro
le kilomètre	el kilómetro
100 kilomètres/heure	100 kilómetros por hora
la superficie	la superficie
le mètre carré	el metro cuadrado
l'hectare	la hectárea
le volume	el volumen
le mètre cube	el metro cúbico
la capacité	la capacidad
le litre	el litro
le poids	el peso
le gramme	el gramo
le kilo(gramme)	el kilo(gramo)
la tonne	la tonelada
peser	pesar
lourd 7	pesado

léger 8	ligero
le degré	el grado
la quantité	la cantidad
nombreux	numeroso

Algunos números *(quelques chiffres)*: 40 300, *quarante mille trois cents*; 500 039, *cinq cent mille trente-neuf*; 2 008, *deux mille huit*; 772 000, *sept cent soixante-douze mille.*
Longitud *(longueur)*: *la distance entre les deux arbres mesure 4 mètres* (la distancia entre los dos árboles mide 4 metros).
Peso *(poids)*: *la cigarette pèse 1 gramme* (el cigarrillo pesa 1 gramo).
Capacidad *(capacité)*: *le seau contient 5 litres d'eau* (el cubo contiene 5 litros de agua).
Valor *(valeur)*: *le livre vaut 9 euros* (el libro cuesta 9 euros).

❑ **L'expression de la quantité**	❑ *La expresión de la cantidad*
très	muy
beaucoup (de)	mucho(a/os/as)
peu (de)	poco(a/os/as)
assez (de)	bastante
trop (de)	demasiado(a/os/as)
à peine	apenas
presque	casi
rien	nada
personne	nadie
plus	más
moins	menos
au moins	por lo menos
le plus grand	el mayor
le plus petit	el menor
le moindre	el menor
aussi... que	tan... como
tant de	tanto(a/os/as)
tellement (de)	tanto (a/os/as)

tout, toute	todo, toda
surtout	sobre todo
seulement	sólo
de plus	además
en outre	además
aussi	también
non plus	tampoco
chaque	cada
un peu	algo
quelque chose	algo
quelque	alguno, alguna
aucun, aucune	ninguno, ninguna
plusieurs	varios, varias
les deux	ambos, ambas
tous/toutes les deux	ambos, ambas
autre	otro

Observe:

beaucoup de vent (mucho viento); *beaucoup de neige* (mucha nieve); *beaucoup de personnes* (muchas personas); *peu de fleurs* (pocas flores); *assez de choses* (bastantes cosas); *trop de voitures* (demasiados coches); *il y avait tellement de monde!* (¡había tanta gente!); *je t'aime beaucoup* (te quiero mucho); *un peu d'eau* (un poco de agua); *un petit peu de* (un poquito de).

Attention!: *Environ* se traduce como 'alrededor de', 'cerca de', 'poco más o menos', o bien con el indefinido plural 'unos', 'unas': *environ deux heures* (unas dos horas).

Attention!: *assez* tiene dos sentidos: *cette jupe est assez longue* (esta falda es bastante [suficientemente] larga); *Jean est assez grand* (Jean es bastante [más bien] alto).

19 TRAVAILLER (trabajar)

❑ Les métiers 1	❑ *Los oficios 1*
le travail	el trabajo
le travailleur	el trabajador
la profession	la profesión
le poste	el cargo
la place	el puesto, la plaza
l'emploi	el empleo, el puesto de trabajo
l'employé	el empleado
employer	emplear
le fonctionnaire	el funcionario
le chef	el jefe
le directeur	el director
la directrice	la directora
le chef d'entreprise	el empresario
un cadre	un ejecutivo
un cadre supérieur	un alto ejecutivo
le maître	el amo
le propriétaire	el dueño
le patron	el patrón, el jefe, el dueño
le contremaître	el capataz, el encargado
l'ingénieur	el ingeniero
le technicien	el técnico
le spécialiste	el especialista
le personnel	el personal, la plantilla
le bureau	la oficina
l'employé de bureau	el oficinista
le comptable	el contable
le secrétaire	el secretario
la secrétaire de direction 1	la secretaria de dirección
la dactylo 2	la mecanógrafa

... et la journée de travail de 4 heures, et 16 semaines de vacances, et la retraite à 30 ans...
ATELIERS DE LA
SOCIÉTÉ DUPONT et Cie
agence de voyages
Déménagements
DUGROS
Grève
EN GRÈVE
PHOTOCOPIEUSE 2000

Observe:

un poste (un cargo); *un poste de direction* (un cargo directivo); *elle a une place de secrétaire à la Mairie* (tiene un puesto de secretaria en el Ayuntamiento); *il faut créer de nouveaux emplois* (hay que crear nuevos puestos de trabajo).

Las siglas *P.D.G. (Président Directeur General)* se usan para designar el cargo de quien ejerce funciones de alta dirección. Pronúnciese *Pédégé.*

FAM → *bosser* (trabajar duro); *une grosse boîte* (una empresa importante); *Jean-Luc bosse de 8 à 5 dans une grosse boîte* (Jean-Luc trabaja de 8 a 5 en una gran empresa); *boulot* (curro); *métro-boulot-dodo*, expresión popular que sintetiza la rutina del trabajo diario, literalmente 'metro-curro-sueño' (*dodo*, onomatopeya de dormir; *faire dodo* [dormir] es una expresión utilizada en el lenguaje infantil).

❑ **Les métiers 2**	❑ *Los oficios 2*
l'ouvrier	el obrero
l'ouvrier qualifié	el obrero cualificado
l'artisan	el artesano, el trabajador autónomo
l'apprenti	el aprendiz
le manœuvre	el peón
l'agriculteur	el agricultor
l'architecte	el arquitecto
le maçon 3	el albañil
le menuisier	el carpintero
le charpentier	el carpintero
l'électricien	el electricista
le plombier	el fontanero
le peintre en bâtiment 4	el pintor de brocha gorda
le mécanicien	el mecánico
le routier 5	el camionero
le médecin	el médico
le chirurgien	el cirujano
le dentiste	el dentista, el odontólogo
le vétérinaire	el veterinario
le libraire	el librero

le professeur	el profesor
le programmeur	el programador
le vendeur	el dependiente
la vendeuse	la dependienta
le pêcheur	el pescador
le cuisinier	el cocinero
le coiffeur	el peluquero
le cordonnier	el zapatero
le/la domestique	el criado/la criada
la femme de ménage 6	la asistenta
l'hôtesse	la azafata
le voyageur de commerce	el viajante de comercio
le représentant	el representante
le concierge 7	el portero
le cireur de chaussures	el limpiabotas

Un proverbe: c'est en forgeant qu'on devient forgeron (literalmente, es a base de forjar que se convierte uno en herrero; es a fuerza de práctica que se adquiere habilidad en cualquier actividad).
Un proverbe: c'est le cordonnier le plus mal chaussé (en casa del herrero cuchillo de palo).
En Francia se utiliza con frecuencia el término *artisan* (artesano) para designar a quienes realizan un trabajo manual por cuenta propia, en ocasiones con la ayuda de su familia, de aprendices, etc.

❑ **Le monde du travail I**	❑ *El mundo del trabajo I*
l'industrie chimique/textile	la industria química/textil
le complexe industriel	el complejo industrial
la métallurgie	la metalurgia
la raffinerie (de pétrole)	la refinería (de petróleo)
la centrale électrique/nucléaire	la central eléctrica/nuclear
l'usine 8	la fábrica
l'atelier	el taller
l'outil	la herramienta

la machine	la máquina
fonctionner	funcionar
la chaîne de montage	la cadena de montaje
la fabrication	la fabricación
fabriquer	fabricar
la production	la producción
produire	producir
la productivité	la productividad
la rendement	el rendimiento
l'activité	la actividad
la main-d'œuvre	la mano de obra
l'entreprise	la empresa
la demande d'emploi	la solicitud de empleo
l'offre d'emploi	la oferta de empleo
le curriculum vitae	el currículum vitae
le stage	el cursillo
le stagiaire	el cursillista
le contrat	el contrato
embaucher	contratar
le renvoi	el despido
le licenciement	el despido
renvoyer	despedir
licencier	despedir

Le curriculum vitae: en Francia se emplea con frecuencia la abreviatura *C.V.* (pronúnciese *CéVé*); *les personnes intéressées peuvent envoyer leur C.V. écrit à la main à...* (las personas interesadas pueden enviar su currículum vitae escrito a mano a...).
El *stage*, expresión que en ocasiones se utiliza en España, también designa un período de prácticas en una empresa, un viaje de estudios en el extranjero, etc.: *il a fait un stage dans une maison d'assurances* (ha realizado unas prácticas en una empresa de seguros.)
FAM → *avoir du piston* (tener enchufe); *pantoufler* (solicitar la excedencia un funcionario público para irse a la empresa privada).
Una de las características del contrato individual de trabajo es su duración. Puede ser temporal y se denomina en francés:
→

C.D.D. (Contrat à Durée Déterminée, pronúnciese *CéDéDé);* o bien fijo: *C.D.I. (Contrat à Durée Indéterminée,* pronúnciese *CéDéI).*

❑ **Le monde du travail 2**	❑ *El mundo del trabajo 2*
la journée de travail	la jornada laboral
travailler à mi-temps	trabajar media jornada
l'horaire	el horario
le salaire	el sueldo, el salario
la paie	la paga
le salarié	el asalariado
l'augmentation de salaire	el aumento de sueldo/salarial
les heures supplémentaires	las horas extraordinarias/extra
l'accident de travail	el accidente laboral
être en congé de maladie	estar de baja por enfermedad
les vacances	las vacaciones
les congés payés	las vacaciones pagadas
le niveau de vie	el nivel de vida
le chômage	el paro
le chômeur	el parado
être au chômage	estar en paro
l'allocation de chômage	el subsidio de desempleo
la grève	la huelga
le gréviste	el huelguista
se mettre en grève	declararse en huelga
le syndicat	el sindicato
la retraite	la jubilación
prendre sa retraite	jubilarse, retirarse
être à la retraite	estar jubilado, retirado
le retraité	el jubilado, el pensionista

L'Agence Nationale pour l'Emploi (ANPE) es el equivalente francés del Instituto Nacional de Empleo (INEM): *s'inscrire à l'ANPE* (darse de alta en el INEM).
La bourse de l'emploi (la bolsa de trabajo). Ejemplo de oferta de empleo: *Importante entreprise recherche secrétaire bilingue français-espagnol ayant de l'expérience, âge minimum 25 ans. Nous offrons: horaire variable, promotion rapide, salaire à débattre* (importante empresa precisa secretaria bilingüe francés-español con experiencia, edad mínima 25 años. Ofrecemos: horario flexible, rápida promoción, sueldo a convenir).
Observe:

la grève de la faim (la huelga de hambre); *la grève du zèle* (la huelga de celo o «a la japonesa»); *lancer un ordre de grève* (convocar una huelga).

20 L'ENSEIGNEMENT (la enseñanza)

❑ En classe	❑ *En clase*
la (salle de) classe	el aula, la clase
la tableau (noir) 1	la pizarra
la craie	la tiza
écrire	escribir
la serviette	la cartera
le livre de classe 2	el libro escolar, el libro de texto
le dictionnaire	el diccionario
le cahier 3	el cuaderno
le classeur	la carpeta
la feuille de papier	la hoja de papel
la copie	la cuartilla
la page	la página
la marge	el margen
la ligne	la línea
le crayon à papier 4	el lápiz
le crayon de couleur	el lápiz de color
le stylo à bille 5	el bolígrafo
le stylo	la (pluma) estilográfica
l'encre	la tinta
le (crayon) feutré	el rotulador
la gomme	la goma
effacer	borrar
la règle 6	la regla
le scotch	el celo
la calculette	la calculadora de bolsillo
la récréation	el recreo
la cour	el patio
jouer	jugar

CANTINE
BIBLIOTHÈQUE
RÉSULTATS DES EXAMENS
REÇUS
REFUSÉS
PHILOSOPHIE
SCIENCES NATURELLES
MATHÉMATIQUES
LANGUES
PHYSIQUE
CHIMIE
SPORT
De toute façon, je dois redoubler...
FUNKY MUSIC

YMNASE
ALLE DE PROFESSEURS
UREAU DU PROVISEUR
Et maintenant faut profiter des vacances...
CLASSE B
LABORATOIRE

Observe:

écrire au tableau/à la craie (escribir en la pizarra/con tiza); *écrire au stylo* (escribir con pluma).

En classe: Dupuy, montez à l'estrade et récitez la fable de la cigale et la fourmi (Dupuy, suba a la tarima y recite la fábula de la cigarra y la hormiga). Nótese que en francés no es corriente el tuteo si no existe una gran familiaridad, incluso si es un profesor quien se dirige a un alumno, como en este caso.

❑ **Le système d'éducation**	❑ *El sistema educativo*
l'école	la escuela
le jardin d'enfants	el jardín de infancia
l'école maternelle	la escuela de párvulos
le maître	el maestro
l'instituteur	el maestro
la maîtresse	la maestra
l'institutrice	la maestra
le professeur	el profesor, la profesora
le prof	el/la profe
le professeur (titulaire d'une chaire)	el catedrático
l'élève	el alumno, la alumna
les écoliers	los escolares
scolaire	escolar
l'interne	el interno
le demi-pensionnaire	el mediopensionista
le collège	el colegio
le lycée	el instituto
l'Université	la Universidad
la Faculté	la Facultad
s'inscrire à la Faculté	matricularse en la Facultad
l'inscription	la matrícula
enseigner	enseñar
étudier	estudiar
l'étudiant	el estudiante
les études	los estudios; la carrera
faire des études	cursar estudios

le cours (d'anglais, etc.)	el curso, la clase (de inglés, etc.)
l'année scolaire	el curso (escolar)
la classe	la clase, el aula
le cours de rattrapage	la clase de recuperación
redoubler	repetir
la bourse	la beca
la culture	la cultura

Francia dispone de una amplia red pública de centros de enseñanza primaria y secundaria, cuya pieza fundamental es *le Lycée* (el liceo). Alguno de estos centros, como el famoso *Lycée Henri IV* de París, goza de un reconocido prestigio, a pesar de sus vetustas instalaciones. Por otra parte, los liceos franceses esparcidos por todo el mundo se encargan de difundir la cultura y el sistema de enseñanza francés.
En los colegios y liceos de Francia existe la figura del *surveillant* (el vigilante), cuya misión consiste en vigilar el orden y la disciplina entre los alumnos.

A diferencia de lo que sucede en España, cada trimestre los colegiales franceses disponen de una semana de vacaciones, llamadas *congé mi-trimestre* (vacaciones de medio trimestre). *Le Collège de France* no debe confundirse con un colegio. Se trata de un acreditado centro situado cerca de *la Sorbonne* (la Universidad más antigua de París), donde lo más granado de la cultura francesa e internacional organiza conferencias y estudios.

❑ **Les matières, les examens**	❑ *Las asignaturas, los exámenes*
la leçon	la lección
faire ses devoirs	hacer los deberes
l'exercice	el ejercicio
le sujet	el tema
le programme	el programa
les matières (d'enseignement)	las asignaturas

les mathématiques	las matemáticas
la physique	la física
la chimie	la química
les sciences naturelles	las ciencias naturales
l'histoire	la historia
la géographie	la geografía
les langues	los idiomas
la philosophie	la filosofía
la gymnastique	la gimnasia
apprendre	aprender
prendre des notes	tomar apuntes
réviser (la leçon)	repasar (la lección)
la révision	el repaso
corriger	corregir
la convocation	la convocatoria
l'examen	el examen
passer un examen de...	examinarse de...
l'épreuve	la prueba
être reçu (à l'examen)	aprobar (el examen)
je me suis fait recaler/coller	me han suspendido
reçu	aprobado
refusé	suspendido
la note	la nota
le prix	el premio
la récompense	la recompensa, el premio
l'échec	el fracaso
les études secondaires	el bachillerato
la licence	la licenciatura
la maîtrise	la licenciatura
le concours	el concurso, las oposiciones

En Francia la escolaridad se divide entre *les études primaires* (la enseñanza primaria) y *les études secondaires* (la enseñanza secundaria). *Le baccalauréat*, popularmente conocido como *le bac*, es el examen del Estado para la obtención del grado de bachiller. Las pruebas se desarrollan con gran ceremonia al finalizar los dos últimos cursos de enseñanza secundaria →

(*Première* y *Terminale*). En el *baccalauréat*, la nota de cada asignatura se multiplica por un *coefficient* (coeficiente), según la *section* o tipo de *baccalauréat* elegido. Así para el *Bac A*, por ejemplo, orientado hacia las letras, el coeficiente de la prueba de filosofía es superior al de la prueba de matemáticas, y al contrario si se realiza un *bac* orientado hacia las ciencias.

Algunas expresiones: *faire l'école buissonière* (hacer novillos); *avoir une heure de colle* (estar una hora castigado); *copier sur quelqu'un* (copiar a alguien).

21 VOYAGER (viajar)

❑ Les voyages	❑ *Los viajes*
le voyage	el viaje
le voyageur 1	el viajero
l'agence de voyages	la agencia de viajes
le renseignement	la información
l'information	la información
la carte	el mapa
l'itinéraire	el itinerario
le trajet	el trayecto
le parcours	el recorrido
parcourir	recorrer
la distance	la distancia
le chemin	el camino
la ligne (aérienne, etc.)	la línea (aérea, etc.)
le départ	la salida, la partida
la sortie	la salida
partir	salir
l'arrivée	la llegada
arriver	llegar
le retard	el retraso
faire escale	hacer escala
la valise 2	la maleta
les bagages	el equipaje
faire enregistrer ses bagages	facturar el equipaje
la gare	la estación
la station	la estación
le porteur	el mozo (de estación)
le guichet	la ventanilla
le billet 3	el billete
prendre un aller et retour	sacar un billete de ida y vuelta
réserver	reservar

INFORMATION
SALLE D'ATTENTE
AIR FRANCE
ARRIVÉES
VOL DE PORTE
DÉPARTS
VOL À PORTE
Passagers pour la Martinique vol AF 2712 embarquement à la porte n° 3
AGENCE DE VOYAGES
AIR FRANCE

la douane	la aduana
le douanier	el aduanero
la salle d'attente	la sala de espera
prendre le train	tomar, coger el tren
changer à...	hacer transbordo en...
la correspondance	el enlace
rater (son train, etc.)	perder el tren

Observe:

à quelle heure part le prochain train pour Strasbourg? (¿a qué hora sale el próximo tren para Estrasburgo?); *il a beaucoup de retard?* (¿lleva mucho retraso?); *où dois-je changer?* (¿dónde tengo que hacer transbordo?); *à quelle heure arriverons-nous?* (¿a qué hora llegaremos?); *j'ai laissé mes bagages à la consigne* (he dejado mi equipaje en la consigna); *mes bagages sont enregistrés* (tengo facturado el equipaje). Nótese que el término *bagages* se emplea generalmente en plural.

Bagage tiene también un sentido figurado y representa los conocimientos que una persona ha adquirido: *il a un sérieux bagage scientifique* (tiene muchos conocimientos científicos).

❑ Les moyens de transport	❑ *Los medios de transporte*
le chemin de fer	el ferrocarril
le train	el tren
le rapide	el rápido
le wagon	el vagón
la voiture	el vagón
la wagon-lit	el coche-cama
la couchette	la litera
la fenêtre	la ventanilla
le hublot	la ventanilla; el ojo de buey
le compartiment	el compartim(i)ento
la place	el asiento
le siège	el asiento
le passager	el pasajero

le contrôleur	el revisor
le quai	el andén
la voie	la vía
s'arrêter	parar
le tunnel	el túnel
l'(auto)car	el autocar
l'avion 4	el avión
les aiguilleurs du ciel	los controladores aéreos
l'aéroport	el aeropuerto
la piste 5	la pista
décoller 6	despegar
le décollage	el despegue
voler	volar
le vol	el vuelo
atterrir 7	aterrizar
l'atterrissage	el aterrizaje
le pilote	el piloto
l'hôtesse de l'air 8	la azafata
le steward	el auxiliar de vuelo
l'équipage	la tripulación
le bateau	el barco
le marin	el marinero
le port	el puerto
embarquer	embarcar
la carte d'embarquement	la tarjeta de embarque
charger	cargar
transporter	transportar

La S.N.C.F. (Société Nationale des Chemins de fer Français, compañía nacional de ferrocarriles franceses) es el equivalente de la RENFE española. *Le T.G.V.* (siglas correspondientes al *Train à Grande Vitesse*) es el tren de alta velocidad francés.
À l'aéroport (en el aeropuerto): *òu est le comptoir d'enregistrement d'Air France?* (¿dónde está el mostrador de Air France?); *où fait-on enregistrer ses bagages pour les vols charter?* (¿dónde facturan el equipaje para vuelos chárter?); *les produits hors taxes ne sont pas à la vente dans ce parcours* (los productos libres de impuestos no están disponibles en este recorrido).

22 SUR LA ROUTE (en la carretera)

❑ Les véhicules	❑ *Los vehículos*
la voiture 1	el coche
l'automobile	el automóvil
l'automobiliste	el automovilista
le conducteur	el conductor
conduire	conducir
le volant 2	el volante
le moteur 3	el motor
la carrosserie 4	la carrocería
démarrer	arrancar
accélérer	acelerar
l'accélérateur	el acelerador
freiner	frenar
le frein	el freno
s'arrêter	parar(se)
ralentir	reducir la velocidad, ir más despacio
changer de vitesse	cambiar de marcha
la roue 5	la rueda
le pneu 6	el neumático
la crevaison	el pinchazo
crever	pinchar, sufrir un pinchazo
la ceinture de securité	el cinturón de seguridad
le rétroviseur 7	el retrovisor
le clignotant 8	el intermitente
la bicyclette	la bicicleta, la bici
le vélo	la bicicleta, la bici
le cycliste	el ciclista
le cyclomoteur	el ciclomotor
la moto 9	la moto
le motocycliste	el motociclista
le motard	el motociclista

AUTOROUTE
1
2
3
4
5
6
7
10
11
12
14

15
13
16
9
8

le camion 10	el camión
la camionnette 11	la camioneta
le routier	el camionero
l'(auto)car	el autocar
le permis de conduire	el permiso/carné de conducir
en rodage	en rodaje

El nombre de los automóviles es femenino en francés, al ser femenino también su nombre genérico *(une automobile)*: *une citroën, une renault* (un citroen, un renault).
Observe:
le pare-chocs (el parachoques); *la plaque minéralogique* (la placa de matrícula); *les phares* (los faros); *les feux de route/de croisement* (las luces de carretera/de cruce); *le pare-brise* (el parabrisas); *l'essuie-glace* (el limpiaparabrisas); *le coffre à bagages* (el maletero); *le réservoir à essence* (el depósito de combustible); *l'assurance-auto* (el seguro del automóvil); *le différentiel* (el diferencial); *l'embrayage* (el embrague), *la transmission* (la transmisión).
Les autos tamponneuses (los autos de choque).
FAM → *une bagnole* (un coche); *il roule en Ferrari* (conduce un Ferrari).

❑ **La circulation**	❑ *La circulación, el tráfico*
l'autoroute à péage	la autopista de peaje
la voie rapide	la autovía
le tournant	la curva
le virage 12	la curva
dangereux	peligroso
le croisement	el cruce
le code de la route	el código de circulación
les panneaux de signalisation 13	las señales de tráfico
sens interdit	dirección prohibida
tournez à droite	gire a la derecha

le bas-côté 14	el arcén
l'accotement 14	el arcén, el escalón lateral
le poste d'essence	la gasolinera
l'essence	la gasolina
le super	la súper, la gasolina súper
l'huile	el aceite
la panne	la avería
en panne	averiado
la station-service	la estación de servicio
l'atelier de réparations	el taller de reparaciones
réparer	reparar
le mécanicien	el mecánico
rouler à 100 à l'heure	ir a 100 kilómetros por hora
doubler	adelantar
dépasser	adelantar
le bouchon 15	la retención, el atasco, el embotellamiento
l'excès de vitesse	el exceso de velocidad
l'amende	la multa
l'accident	el accidente
la victime	la víctima
la moto a heurté...	la moto ha chocado contra...
s'écraser (contre un arbre...)	estrellarse (contra un árbol...)
se retourner	volcar
capoter	volcar
faire de l'auto-stop/ du stop 16	hacer autostop

Observe:

le périphérique (la circunvalación).

L'agent lui a donné une contravention pour vitesse excessive (el agente le ha puesto una multa por exceso de velocidad).

Quelques panneaux de signalisation (algunas señales de tráfico):

sens interdit

interdiction de tourner à gauche

interdiction de dépasser

vitesse limitée

sens giratoire obligatoire

succession de virages

intersection avec une route non prioritaire

annonce de feux tricolores

passage à niveau avec barrières

travaux

23 LES LOISIRS (el ocio)

❑ Jeux, chasse et pêche	❑ *Juegos, caza y pesca*
le jeu	el juego
jouer	jugar
le joueur	el jugador
la distraction	la distracción
se distraire	distraerse
s'amuser	divertirse, entretenerse
amusant	divertido
profiter de	disfrutar de
jouir de	disfrutar de
l'aventure	la aventura
le jouet	el juguete
la poupée 1	la muñeca
la carte à jouer 2	el naipe, la carta
les échecs 3	el ajedrez
les dames 4	las damas
une partie d'échecs, etc.	una partida de ajedrez, etc.
les mots croisés 5	el crucigrama
la collection	la colección
la loterie	la lotería
le gros lot	el premio gordo, el gordo
la danse	el baile; la danza
le bal	el baile
danser	bailar
la discothèque	la discoteca
la boîte	la discoteca
le chasseur	el cazador
chasser	cazar
le fusil (de chasse)	la escopeta
tirer	disparar
le coup de feu	el tiro, el disparo
la trace	la huella, el rastro

PALACE
DISCOTHÈQUE
Hôtel Bellevue
CAMPING
LE THÉÂTRE

6
3

le pêcheur	el pescador
pêcher	pescar
la canne à pêche 6	la caña de pescar
pêcher à la ligne	pescar con caña

Le Loto (la «primitiva» francesa) es un juego de azar muy popular. Las papeletas o *bulletins* se adquieren en los estancos y quioscos de lotería. El jugador tiene que marcar siete números. El sorteo se retransmite por televisión dos veces por semana y pueden ganarse grandes sumas de dinero.
FAM → *mener une vie de patachon* (darse la gran vida).
Au casino(en el casino): *faites vos jeux, mesdames et messieurs... rien ne va plus les jeux sont faits* (hagan juego damas y caballeros... no va más).
Observe:
jouer aux billes (jugar a canicas); *console de jeux* (consola de videojuegos); *une machine à sous* (una máquina tragaperras).
Une chasse réservée (un coto de caza); *chasse du grand gibier* (caza mayor); *chasse du petit gibier* (caza menor).
Adage: *Qui va à la chasse perd sa place* (literalmente, quien va a cazar pierde su sitio; quien va a Sevilla pierde su silla).

❑ Les loisirs, les vacances — ❑ *El ocio, las vacaciones*

le tourisme	el turismo
le touriste	el turista
touristique	turístico
l'office du tourisme	la oficina de turismo
l'hôtel	el hotel
l'estivant	el veraneante
passer ses vacances	veranear
estival	veraniego
l'excursion	la excursión
la promenade	el paseo
la randonnée	la excursión (a pie)
se promener	pasear
visiter	visitar

le guide	el/la guía
le camping	el camping
la tente 7	la tienda de campaña
le campeur	el campista
faire du camping	hacer camping
camper	acampar
la plage 8	la playa
se baigner	bañarse
le baigneur	el bañista
le maillot de bain 9	el bañador
nager 10	nadar
la bouée	el flotador
le parasol 11	la sombrilla
la buvette	el chiringuito
les sports nautiques	los deportes náuticos
la voile	la vela
la planche à voile 12	la tabla de windsurf
faire de la planche à voile	hacer windsurf
le ski nautique	el esquí acuático
la plongée sous-marine	el submarinismo
les palmes	las aletas
le canoé	la piragua
le kayac	el kayac, la piragua
ramer	remar

Nótese la preposición *en* en: *partir en vacances* (irse de vacaciones); *être en vacances* (estar de vacaciones); *aller en excursion* (ir de excursión).
Sur la plage (en la playa): *la crème bronzante* (la crema bronceadora); *écran total* (pantalla total); *la crème après-soleil* (la crema para después del sol); *un panaché bien froid* (una clara [cerveza + gaseosa] bien fría); *le bikini/le monokini* (el bikini/el monokini); *la piqûre de guêpe/de méduse* (la picadura de avispa/de medusa); *le goudron* (el alquitrán); *le coup de soleil* (la insolación); *le parasol* (la sombrilla); *les vagues* (las olas); *une eau limpide* (un agua cristalina).
À la campagne (en el campo): *cueillir des fleurs* (coger flores); *respirer l'air pur* (respirar aire puro); *le contact avec la nature* (el →

contacto con la naturaleza); *les fourmis* (las hormigas); *le bourdonnement des insectes/de la moissonneuse* (el zumbido de los insectos/de la cosechadora); *le sanglier* (el jabalí); *la 4x4 ("quatre-quatre")* [el 4x4 (cuatro por cuatro)]; *les orties* (las ortigas); *un cours d'eau, une fontaine* (un riachuelo, una fuente).

❑ **Les spectacles**	❑ *Los espectáculos*
l'acteur	el actor
l'actrice	la actriz
jouer	actuar
le rôle	el papel
jouer le rôle de	hacer el papel de
la séance	la función
le guichet	la taquilla
le billet (d'entrée)	la entrada
la place (dans une salle de spectacle)	la localidad
le fauteuil (d'orchestre)	la butaca (de platea)
la loge	el palco
le programme	el programa
le théâtre	el teatro
la scène	el escenario; la escena
les décors	el decorado, la decoración
le rideau	el telón
le spectateur	el espectador
le public	el público
assister	asistir
le cinéma	el cine
l'écran	la pantalla
la seánce (de cinéma)	la sesión
le film	la película, el film
le cirque	el circo
le clown	el payaso
les applaudissements	los aplausos
applaudir	aplaudir
les sifflets	los pitos
l'ovation	la ovación

Observe:

la séance va commencer (la función va a empezar); *il n'y a plus de billets pour la séance de ce soir* (se han agotado las entradas para la sesión de esta noche); *un spectacle adressé au grand public* (un espectáculo dirigido al gran público); *autrefois ce qui arrivait aux loges était suivi avec autant d'intérêt que ce qui se passait sur la scène* (antaño lo que sucedía en los palcos suscitaba tanto interés como lo que ocurría en el escenario); *l'industrie du spectacle sera une des plus puissantes du XXIe siècle* (la industria del espectáculo será una de las más poderosas del siglo XXI).

Algunos anglicismos incorporados a la lengua francesa: *le show-business (fam: showbiz)* [la industria del espectáculo]; *une pop star, un rocker* (una estrella pop, un rockero).

Observe:

rester à l'affiche, tenir l'affiche (mantenerse en cartel).

24 LE SPORT (el deporte)

❑ Le sport 1	❑ *El deporte 1*
le sportif	el deportista
le club sportif	el club deportivo
faire du sport	hacer deporte
faire (du basket, etc.)	practicar (el baloncesto, etc.)
le champion	el campeón
le championnat	el campeonato
les Jeux Olympiques 1	los Juegos Olímpicos
la médaille 2	la medalla
la coupe	la copa
le record	el récord, la marca
gagner	ganar
battre	derrotar, vencer
le vainqueur	el vencedor
perdre	perder
la défaite	la derrota
le stade	el estadio
le terrain	el campo
le match	el partido
l'arbitre	el árbitro
le joueur	el jugador
le professionnel	el profesional
l'amateur	el aficionado
l'équipe	el equipo
le football	el fútbol
le footballeur	el futbolista
le ballon 3	el balón
le gardien de but	el portero, el guardameta
les buts	la portería
marquer un but	marcar un gol
le score	el tanteo

RELAX
MAX
1
2
3
4
5
6
7
8
9
10
11
12
13
14
15

le match nul	el empate
l'égalisation	el empate
le basket 4	el baloncesto
les supporters	los seguidores, los hinchas
les fans	los hinchas

Observe:

battre un record (batir una marca); *le record du monde* (el récord del mundo); *la première mi-temps* (el primer tiempo); *la seconde mi-temps* (el segundo tiempo); *la mi-temps* (el descanso).

Attention!: un but (un gol); *faire un but* (marcar un gol).

Les vêtements de sport (las prendas deportivas); *la Fédération française de football* (la Federación francesa de fútbol); *le club sportif* (el club deportivo); *le cercle sportif* (la peña deportiva).

❑ **Le sport 2**	❑ *El deporte 2*
l'athlète	el atleta
l'athlétisme	el atletismo
s'entraîner	entrenarse
l'entraînement	el entrenamiento
le survêtement 5	el chándal
la gymnastique	la gimnasia
la course à pied 6	la carrera (a pie)
le saut 7	el salto
la lutte	la lucha
la boxe 8	el boxeo
le judo	el judo
la natation 9	la natación
la nageur	el nadador
nager	nadar
la piscine	la piscina
le ski 10	el esquí
le skieur	el esquiador
skier	esquiar
faire du ski	practicar el esquí

le patinage	el patinaje
le hockey sur gazon/glace	el hockey sobre hierba/ hielo
le tennis	el tenis
jouer au tennis	jugar al tenis
le court	la pista
la raquette 11	la raqueta
la balle 12	la pelota
le filet	la red
le service	el saque, el servicio
le golf 13	el golf
le cyclisme 14	el ciclismo
le coureur	el corredor
l'équitation 15	la equitación
le cavalier	el jinete

Observe;

la course de haies (la carrera de vallas); *les 100 mètres (plat)* [los 100 metros lisos]; *le saut en hauteur/en longueur* (el salto de altura/de longitud); *le saut à la perche* (el salto con pértiga).

La natation (la natación): *les 100 mètres nage libre/dos/brasse/papillon* (los 100 metros libres/espalda/braza/mariposa).

Le patinage sur glace/artistique (el patinaje sobre hielo/artístico); *les patins à glace/à roulettes* (los patines de hielo/de ruedas).

Observe:

X a battu à Y par 6-2 (X derrotó/ganó a Y por 6-2); *Y a été éliminé en deux sets/au deuxième tour* (Y ha sido eliminado en dos sets/en la segunda vuelta); *X s'est classé pour la finale du tournoi* (X se ha clasificado para la final del torneo).

25 LES MÉDIAS (los medios de comunicación)

❑ La presse, la publicité	❑ *La prensa, la publicidad*
communiquer	comunicar
l'information	la información
le renseignement	el dato
informer	informar
renseigner	informar
la nouvelle	la noticia
l'événement	el acontecimiento, el suceso
arriver	ocurrir, suceder
se passer	ocurrir, suceder
la rumeur	el rumor
le bruit	el rumor
la conférence de presse	la rueda de prensa
le journal	el periódico
le quotidien	el diario
un journal à gros tirage	un periódico de gran tirada
l'article	el artículo
publier	publicar
imprimer	imprimir
imprimé	impreso
le journaliste 1	el periodista
le journalisme	el periodismo
le rédacteur 2	el redactor
le reporter	el reportero
le reportage	el reportaje
l'interview	la entrevista
le commentaire	el comentario
la revue	la revista
le magazine	la revista
l'illustré (pour enfants)	el tebeo
la bande dessinée	la historieta, el cómic

l'opinion
Un nouveau journal !
à l'avant-garde de la
communication !
les meilleures photos !
les articles plus objectifs !
RECUEIL DE PRESSE
MAGAZINES
MARILYN
TOUJOURS VIVANTE

Les 10 règles d'or du rédacteur en chef
JE NE VEUX PAS CET ARTICLE DANS MON JOURNAL !
JOURNALISTE! PUBLICISTE!
canal +
MOZART
l'opinion
LE PRÉSIDENT DE LA RÉPUBLIQUE À NEW YORK
LEWI'S
Lettres de nos lecteurs
PETITES ANNONC
3
5
6
7
8

la photo	la foto
les petites annonces	los anuncios por palabras
les titres	los titulares
les manchettes 3	los titulares
publicitaire	publicitario
l'affiche 4	el cartel

Observe:

l'interview, interviewer (la entrevista, entrevistar); *un sondage d'opinion* (un sondeo de opinión); *une enquête* (una encuesta); *les personnes interrogées, les sondés* (los encuestados).

La historieta, el cómic se traduce por *la bande dessinée, la B.D.* (pronúnciese *Bédé*); *une bulle* (un globo, un bocadillo).

La publicité (la publicidad; es más corriente la abreviatura *la pub*): *un panneau publicitaire* (una valla publicitaria); *défense d'afficher* (prohibido fijar carteles).

Attention!: *les faits divers* (en singular *un fait divers*) son los sucesos.

La presse (la prensa): *un journal à gros tirage* (un diario de gran tirada); *la une, la première page* (la primera página); *l'envoyé spécial, le correspondant* (el enviado especial, el corresponsal); *journal parlé* (diario hablado); *s'abonner à un hebdomadaire* (suscribirse a una revista semanal).

❑ **La radio, la télévision...**	❑ *La radio, la televisión...*
le présentateur	el locutor, el presentador
le micro(phone)	el micrófono, el micro
le transistor	el transistor
l'auditeur	el radioyente
l'onde	la onda
le téléviseur	el televisor
le petit écran	la pequeña pantalla
le téléspectateur	el televidente, el telespectador
le bulletin d'informations	el informativo, el noticiario
le flash d'informations	el flash informativo
en direct de Toulouse	en directo desde Toulouse

le programme	el programa
le journal télévisé	el telediario
la chaîne (T.V.)	la cadena, el canal
l'antenne	la antena
s'informer	enterarse
apprendre	enterarse
le tourne-disque	el tocadiscos
le baladeur	el walkman
la chaîne stéréo/hi-fi	la cadena estéreo
le haut-parleur	el altavoz
les écouteurs	los auriculares
le casque	los auriculares
le disque compact	el disco compacto
audiovisuel	audiovisual
la cassette	la cassette, la casete, la cinta
le lecteur de cassettes	el cassette, el casete
la bande 5	la cinta
enregistrer	grabar
l'enregistrement	la grabación
le magnétophone 6	el magnetófono
le magnétoscope 7	le magnetoscopio, el vídeo
la vidéo	el vídeo
le camescope	la videocámara, la cámara de vídeo
la cassette vidéo 8	la videocasete

La télévision (la televisión): *le poste de télévision* (el televisor); *regarder la télévision* (ver la televisión); *on passe un bon film ce soir à la télé* (esta noche ponen una buena película en la tele); *sur la deuxième chaîne* (en la segunda cadena); *transmission par satellite* (transmisión vía satélite); *la télévision par câble* (la televisión por cable); *un programme télévisuel* (un programa televisivo); *l'indice d'audience* (el índice de audiencia); *le petit écran* (el televisor); *le grand écran* (la pantalla de cine); *télévision interactive* (televisión interactiva); *en direct, en differé* (en directo, en diferido).
Attention!: la vidéo (el vídeo). Nótese el cambio de género.

26 THÈMES D'ACTUALITÉ (temas de actualidad)

❑ L'environnement	❑ *El medio ambiente*
l'écologie	la ecología
l'écologiste	el ecologista
écologique	ecológico
la pollution	la contaminación
pollué	contaminado
polluant	contaminante
la catastrophe	la catástrofe
l'extermination	el exterminio
le braconnage	la caza furtiva
les espèces en voie de disparition	las especies en vías de extinción
le trou dans la couche d'ozone	el agujero en la capa de ozono
l'écosystème	el ecosistema
la marée noire	la marea negra
l'incendie volontaire/ criminel	el incendio intencionado
la déforestation	la deforestación
le déboisement	la deforestación
les pluies acides	la lluvia ácida
le reboisement	la repoblación forestal
la sécheresse	la sequía
la désertification	la desertización
l'effet de serre	el efecto invernadero
la centrale nucléaire	la central nuclear
la radioactivité	la radiactividad
les déchets radioactifs	los residuos radiactivos
empoisonner	envenenar
préserver	preservar
la réserve	la reserva
le sauvetage	el salvamento, el rescate

POLLUTION, PLUIES ACIDES, RÉSIDUS RADIOACTIFS, ASSEZ!
RESPECTONS LA COUCHE D'OZONE
ARRÊTONS LA DÉTÉRIORATION DE L'ENVIRONNEMENT
À BAS LE TERRORISME
LES VICTIMES DE LA MARÉE NOIRE
1
2
MOUVEMENT ÉCOLOGISTE

UES NON, VIE OUI !
CONTRE LE RACISME
DROIT À L'AVORTEMENT
POUR FINIR AVEC LE TRAFIC DE STUPÉFIANTS
NON À LA POLLUTION

le recyclage	el reciclaje
recycler	reciclar
le papier recyclé	el papel reciclado
biodégradable	biodegradable
les graffitis |	las pintadas
les bombages	las pintadas

Observe:
l'opinion publique est de plus en plus sensible aux problèmes écologiques (la opinión pública es cada vez más sensible a los problemas ecológicos); *les entreprises et les gouvernements ont finalement incorporé l'écologie à leur discours* (finalmente, las empresas y los gobiernos han incorporado la ecología a su discurso); *néanmoins, une politique de l'environnement décidée se heurte contre des groupes de pression très puissants* (sin embargo, una política medioambiental decidida choca contra grupos de presión muy poderosos); *qui prétendent minimiser la répercussion des postulats écologiques* (que pretenden minimizar la repercusión de los postulados ecológicos).

❑ **Problèmes sociaux**	❑ *Problemas sociales*
le sous-développement	el subdesarrollo
sous-développé	subdesarrollado
le surpeuplement	la superpoblación
la surpopulation	la superpoblación
la faim	el hambre
la famine	la hambruna
le chômage	el paro, el desempleo
le travail au noir	el trabajo negro
le cumul d'emplois	el pluriempleo
le terrorisme	el terrorismo
le terroriste	el terrorista
la violence	la violencia
le stress	el estrés
l'avortement	el aborto
l'euthanasie	la eutanasia

la prostitution	la prostitución
le sida	el sida
le racisme	el racismo
raciste	racista
le sexisme	el sexismo
le machisme	el machismo
machiste	machista
phallocrate	machista
le féminisme 2	el feminismo
féministe	feminista
l'homosexualité	la homosexualidad
la drogue (douce/dure)	la droga (blanda/dura)
la toxicomanie	la toxicomanía, la drogadicción
le drogué	el drogadicto
se droguer	drogarse
l'overdose	la sobredosis
le trafic de stupéfiants	el narcotráfico
le trafiquant	el traficante
le tabagisme	el tabaquismo
l'alcoolisme 3	el alcoholismo

En 1997, deux smicards sur trois sont des femmes de moins de 25 ans (en 1997, dos de cada tres trabajadores perceptores del salario mínimo interprofesional son mujeres menores de 25 años). El *S.M.I.C.* = S.M.I. (salario mínimo interprofesional).
Observe:

sniffer de la colle (esnifar pegamento); FAM → *c'est la dope à bon marché* (es el cuelgue barato); *aux effets irréversibles* (de efectos irreversibles); *que des centaines de gamins se procurent chez le droguiste du coin* (que centenares de chiquillos compran en el droguero de la esquina).

Le planning familial et l'avortement (la planificación familiar y el aborto): *la loi sur l'avortement* (la ley del aborto); *l'interruption volontaire de grossesse (I.V.G,* pronúnciese: *ivégé)* [la interrupción voluntaria del embarazo]; *la contraception* (la anticoncepción); *les contraceptifs* (los anticonceptivos); *la pilule* (la píldora); *fausse couche* (aborto [natural]).

27 PARLER (hablar)

❑ La parole	❑ *El habla*
la voix, les voix	la voz, las voces
à voix haute/basse	en voz alta/baja
le mot	la palabra
la parole	la palabra
la langue	la lengua, el idioma
le langage	el lenguaje
dire	decir
le cri	el grito
crier	gritar
l'accent	el acento
la prononciation	la pronunciación
prononcer	pronunciar
le ton	el tono
l'expression	la expresión
(s')exprimer	expresar(se)
baragouiner	chapurrear
le gros mot	la palabrota, el taco
le bon mot	la ocurrencia
l'histoire drôle	el chiste
la plaisanterie	la broma
la blague	la broma, el chiste
l'humour	el humor; el humorismo
humoristique	humorístico
l'ironie	la ironía
ironique	irónico
bavard	charlatán, parlanchín
l'aisance	la soltura
le silence	el silencio
silencieux	silencioso
se taire	callarse, callar
le secret	el secreto
muet	mudo

3
2

«O sancta simplicitas»!!

Una definición: *mammifère bipède à station droite, doué d'intelligence et de langage articulé* (mamífero bípedo erguido, dotado de inteligencia y de lenguaje articulado).
Recuérdese que el tuteo es menos corriente en los países francófonos que en España. Especialmente a la hora de dirigirse a un desconocido, el tuteo puede interpretarse como una grosería.
Un mot quiere decir 'una palabra'; *un mot grossier* (una palabra malsonante); *un mot savant* (una palabra culta).
Attention!: hay que distinguir los matices entre *la parole* (la palabra, pero también el habla); *demander la parole* (pedir la palabra); y *la langue* (la lengua, el idioma); *Françoise parle trois langues* (Françoise habla tres idiomas); *la langue maternelle* (la lengua materna).
Observe:
les paroles d'une chanson (la letra de una canción).

❑ **La conversation**	❑ *La conversación*
bavarder	charlar
converser	conversar
causer 2	conversar, charlar
raconter 3	contar
conter	contar
la question	la pregunta
poser une question 4	hacer una pregunta
demander	preguntar
se renseigner	informarse
la réponse	la contestación, la respuesta
répondre	contestar, responder
comprendre	entender
la prière	el ruego
prier 5	rogar
supplier	suplicar
la discussion	la discusión
discuter	discutir
le dialogue	el diálogo
l'explication	la explicación
expliquer	explicar

affirmer	afirmar
assurer	asegurar
hésiter	vacilar
le commentaire	el comentario
commenter	comentar
l'allusion	la alusión
faire allusion à	aludir a
ce nom me dit quelque chose	me suena este apellido
tout cela sent le mensonge	todo eso suena a mentira

Cuatro frases de uso corriente: *je parle très peu le français* (hablo muy poco francés); *je ne comprends pas* (no entiendo); *parlez plus lentement, s'il vous plaît* (hable más despacio, por favor); *Jean-Pierre parle parfaitement l'espagnol* (Jean-Pierre habla español perfectamente).
Tres expresiones usuales: *parler sans arrêt* (hablar por los codos); *pas question!* (¡ni hablar!); *avoir la langue bien pendue* (no tener pelos en la lengua).
Attention!: *prier* (rogar) va seguido de la preposición *de*: *je te prie de te taire* (te ruego que te calles); *je vous prie de m'écouter* (le ruego que me escuche); *nous vous prions/prière de nous répondre rapidement* (rogamos contesten rápidamente).
Observe:

veuillez avoir l'obligeance d'attendre un instant (haga el favor de esperar un momento); *veux-tu m'apportez s'il te plaît, sois gentil de m'apporter...* (me haces el favor de traerme...); *pouvez-vous me dire...* (puede usted decirme...); *veuillez entrez* (entre, por favor).

❑ Le langage — ❑ *El lenguaje*

faire remarquer	advertir
signaler	señalar
indiquer	indicar
appeler	llamar
évoquer	evocar
la suggestion	la sugerencia

suggérer	sugerir
citer 6	citar
se référer à	referirse a
parler de...	hablar de…
insister	recalcar; insistir
souligner	subrayar
mettre en relief	poner de relieve
répéter	repetir
exagérer	exagerar
le résumé	el resumen
résumer	resumir
la promesse	la promesa
promettre	prometer
la critique	la crítica
critiquer	criticar
la comparaison	la comparación
comparer	comparar
le synonyme	el sinónimo
la traduction	la traducción
traduire en...	traducir al...
l'interprète	el intérprete

Observe:

les francophones (los francófonos); *les hispanophones* (los hispanohablantes).

Nótese la construcción: *en ce qui concerne...* (por lo que se refiere a...); *traduire du français en espagnol* (traducir del francés al español/castellano).

28 ÉCRIRE (escribir)

❑ **La langue écrite**	❑ *La lengua escrita*
l'alphabet	el alfabeto
la lettre 1	la letra
le mot	la palabra, el vocablo
le terme	el término
le sens	el sentido
la signification	el significado
signifier	significar
vouloir dire	significar
le nom (le substantif)	el nombre
masculin	masculino
féminin	femenino
le verbe	el verbo
l'adjectif	el adjetivo
la phrase	la frase
le vocabulaire	el vocabulario
le dictionnaire	el diccionario
l'orthographe	la ortografía
la grammaire	la gramática
le point	el punto
la virgule	la coma
la parenthèse	el paréntesis
l'accent	el acento
la lecture	la lectura
lire	leer
le lecteur	el lector
le livre 2	el libro
le titre 3	el título
la page 4	la página
le chapitre	el capítulo
le paragraphe 5	el párrafo
la bibliothèque 6	la biblioteca

Et ce que tu viens d'écrire..., veut dire quelque chose ?
CONTES
MADAME BOVARY
CHAPITRE II
Littérature
Le journal de ma jeunesse

Attention!: un écrit (un escrito); *par écrit* (por escrito).
Formules de salutation (fórmulas de saludo): *Messieurs; Cher monsieur, Chère madame; Mon cher Adolphe, Ma chère Evelyne; Mes chers amis; Ma chérie, Mon chéri.*
Formules finales (fórmulas de despedida): *Sincères salutations* (Un atento saludo); *Cordialement* (Cordialmente); *Mes amitiés, Bien cordialement, Sentiments affectueux* (según el destinatario: Un abrazo, Un fuerte abrazo); *je vous prie de bien croire, cher monsieur, à l'expression de mes sentiments distingués* (literalmente, le ruego que crea, querido señor, en la expresión de mis distinguidos sentimientos; en español podría traducirse como «atentamente»). Las fórmulas de cortesía forman parte de los usos lingüísticos, y no procede simplificarlas.
Attention: el empleo de la forma pasiva es mucho más frecuente en francés que en castellano (*je suis très content de te voir*, me alegra mucho verte). Las frases en pasiva refleja en español pueden traducirse al francés mediante la voz pasiva: *le coq est considéré en France comme un emblème du pays* (el gallo se considera en Francia como un emblema del país).

❑ **La littérature**	❑ *La literatura*
littéraire	literario
l'écrivain 7	el escritor, la escritora
l'auteur	el autor, la autora
l'œuvre	la obra
la pièce de théâtre	la obra de teatro
le style	el estilo
la poésie	la poesía
le poème 8	el poema
le poète, la poétesse	el poeta, la poetisa
poétique	poético
lyrique	lírico
le vers	el verso
la prose	la prosa
le roman 9	la novela
le romancier, la romancière	el/la novelista
le conte	el cuento
le récit	el relato

la nouvelle	el relato corto
la légende	la leyenda
l'essai	el ensayo
le texte	el texto
la description	la descripción
décrire	describir
conter	contar
raconter	contar
le personnage	el personaje
le proverbe	el refrán
la tragédie 10	la tragedia
tragique	trágico
la comédie 11	la comedia
comique	cómico
le drame	el drama
dramatique	dramático
fantastique	fantástico
romantique	romántico
satirique	satírico
savant	culto
populaire	popular

Un verso: «*Et tout le reste est littérature*», Paul Verlaine.
Observe:

la littérature française, classique, romantique, réaliste, symboliste, naturaliste (la literatura francesa, clásica, romántica, realista, simbolista, naturalista).

Un roman de science-fiction (una novela de ciencia ficción); *un roman policier* (FAM → *un polar*) [una novela policíaca]; *un roman à l'eau de rose* [una novela rosa].

El siglo de oro del teatro francés: *les drames de Corneille, les tragédies de Racine, les comédies de Molière* (los dramas de Corneille, las tragedias de Racine, las comedias de Molière).
En el ámbito de la traducción, se distingue entre *la version* (traducción directa) y *le thème* (traducción inversa).

29 L'ART (el arte)

❑ Les arts plastiques — ❑ *Las artes plásticas*

l'artiste	el artista
artistique	artístico
les beaux-arts	las bellas artes
l'œuvre d'art	la obra de arte
le chef-d'œuvre	la obra maestra
l'exposition	la exposición
le musée	el museo
la galerie d'art/de tableaux	la galería de arte
le dessin, un dessin	el dibujo, un dibujo
dessiner	dibujar
la peinture 1	la pintura
peindre	pintar
le peintre 2	el pintor
la couleur	el color
le pinceau 3	el pincel
le modèle 4	el modelo
le tableau	el cuadro
le cadre 5	el marco
le portrait 6	el retrato
la nature morte 7	el bodegón
le paysage 8	el paisaje
la gravure, une gravure	el grabado, un grabado
la sculpture, une sculpture	la escultura, una escultura
le sculpteur	el escultor
la statue 9	la estatua
un bronze	un bronce
l'image	la imagen
la statue (religieuse)	la imagen religiosa
la poterie	la alfarería
la céramique	la cerámica
l'architecture	la arquitectura

19
14
15
12
18
10
PRODUCTEUR
13
7
16

SCÉNARIO
1
2
3
4
5
6
8
9
11
17

Observe:

dessiner au crayon/à l'encre de chine (dibujar con lápiz/con tinta china); *peindre à l'huile/à l'aquarelle* (pintar al óleo/a la acuarela); *peindre d'après nature* (pintar del natural); *une touche/un coup de pinceau* (una pincelada).

No existe un único equivalente de los términos diseño y diseñador: *dessin industriel, dessin de mode, design* (diseño industrial, diseño de moda, diseño); *un dessinateur, un styliste* (un diseñador).

En Francia la ley protege el valor cultural y paisajístico de ciertos parajes por el hecho de haber sido pintados por un artista famoso.

Como el español «lienzo», la palabra *toile* designa la tela o la obra pintada sobre ese soporte: *une toile de Chagall* (una tela de Chagall); *une huile sur toile* (un óleo sobre lienzo).

Observe:

un autoportrait (un autorretrato).

❑ **L'art, la beauté**	❑ *El arte, la belleza*
la beauté	la belleza
beau	hermoso
laid	feo
joli	bonito
ravissant	precioso
magnifique	magnífico
esthétique	estético
merveilleux	maravilloso
une merveille	una maravilla
pittoresque	pintoresco
idéal	ideal
voyant	vistoso
criard	chillón
horrible	horrible
la grâce	la gracia
abstrait	abstracto
figuratif	figurativo
réaliste	realista
le style roman	el estilo románico
gothique	gótico

classique	clásico
baroque	barroco
plateresque	plateresco
art nouveau	modernista
moderne	moderno
contemporain	contemporáneo
représenter	representar
imiter	imitar
copier	copiar

Para expresar «lo bello»: *la beauté* (la belleza, la hermosura); *une beauté* (una belleza); *le culte du beau* (el culto a lo bello); *le beau sexe* (el sexo bello). Recuérdese que el adjetivo precede al sustantivo: *un beau paysage* (un paisaje hermoso); *un bel objet* (un objeto hermoso).
Les arts plastiques (las artes plásticas): *architecture, peinture, sculpture, gravure, photographie et multimédia* (arquitectura, pintura, escultura, grabado, fotografía y multimedia).
Le septième art (el séptimo arte).
Les arts décoratifs (las artes decorativas).
Art nouveau: estilo de artes plásticas desarrollado en Europa entre 1885 y 1914.

❑ La musique, le chant — ❑ *La música, el canto*

l'instrument de musique	el instrumento de música
un instrument à cordes/à vent	un instrumento de cuerda/de viento
jouer du piano/de la flûte...	tocar el piano/la flauta...
la note	la nota
le son	el sonido
le rythme	el ritmo
la mélodie	la melodía
le piano	el piano
le violon 10	el violín
la guitare 11	la guitarra
la harpe	el arpa
la flûte 12	la flauta

le tambour	el tambor
la batterie	la batería
l'orgue	el órgano
le tambourin 13	la pandereta
les castagnettes	las castañuelas
l'orchestre	la orquesta
le chef d'orchestre	el director de orquesta
le musicien 14	el músico
interpréter	interpretar
le concert(o)	el concierto
chanter	cantar
le chanteur	el cantante
la chanson	la canción
l'opéra	la ópera
le chœur	el coro
la berceuse	la canción de cuna, la nana
le noël	el villancico

Attention!: el verbo *jouer* (literalmente jugar) seguido de un instrumento significa tocar ese instrumento, seguido de una pieza musical significa tocar esa pieza: *jouer du piano/une valse* (tocar el piano/un vals).

Observe:

les paroles d'une chanson (la letra de una canción); *aller au concert* (ir al concierto); *un concert de musique symphonique/de jazz* (un concierto de música sinfónica/de jazz); *un concerto pour violon/pour violoncelle* (un concierto para violín/para violoncelo).

Écrire, composer, faire de la musique (escribir, componer, interpretar música).

FAM → *En avant la musique!* (¡Adelante con los faroles!).

C'est toujours la même musique (siempre es lo mismo) [connotación negativa].

❑ **La photographie, le cinéma**	❑ *La fotografía, el cine*
une photo	una foto
le photographe	el fotógrafo

l'appareil photo 15	la cámara fotográfica
le rouleau de pellicule 16	el carrete
le film	la película
le film muet	la película muda
le film d'épouvante	la película de terror
le long-métrage	el largometraje
le court-métrage	el corto(metraje)
le documentaire	el documental
les dessins animés	los dibujos animados
le cinéaste	el cineasta
le réalisateur	el realizador
le metteur en scène 17	el director
le producteur	el productor
le scénario	el guión
le scénariste	el guionista
le protagoniste 18	el protagonista
l'acteur principal	el protagonista
la caméra 19	la cámara
tourner un film	rodar una película
le tournage	el rodaje
le montage	el montaje
le doublage	el doblaje
le studio	el estudio (cinematográfico)
le plateau	el plató
porter un roman à l'écran	llevar una novela a la pantalla
projeter	proyectar
la sortie (d'un film)	el estreno
projeter pour la première fois	estrenar
le festival de cinéma	el festival de cine
le ciné-club	el cineclub

Observe:
faire/prendre une photo (hacer/sacar una foto); *assieds-toi ici, je vais te prendre en photo* (siéntate aquí que te voy a sacar una foto); *prends-moi en photo* (hazme una foto).
→

Pequeño vocabulario técnico: *l'objectif* (el objetivo); *le diaphragme* (el diafragma); *le filtre* (el filtro); *le déclencheur* (el disparador); *la mise au point* (el enfoque); *la distance focale* (la distancia focal); *la profondeur de champ* (la profundidad de campo).
Trois films célèbres (tres películas famosas): *Le cuirassé Potemkin* (El acorazado Potemkin); *la Ruée vers l'or* (La quimera del oro); *Autant en emporte le vent* (Lo que el viento se llevó).

30 SCIENCES ET TECHNIQUES (ciencias y técnicas)

❑ Sciences et techniques 1 | ❑ *Ciencias y técnicas 1*

le savant 1	el científico; el sabio
le scientifique	el científico
les mathématiques	las matemáticas
le problème	el problema
le calcul	el cálculo
calculer	calcular
la recherche	la investigación
le chercheur	el investigador
l'expérience (scientifique) 2	el experimento
scientifique	científico
l'hypothèse	la hipótesis
observer	observar
analyser	analizar
l'analyse	el análisis
vérifier	comprobar
la preuve	la prueba
prouver	probar
contrôler	controlar
résoudre	resolver
la solution	la solución
la découverte	el descubrimiento
découvrir	descubrir
l'invention	el invento
inventer	inventar
le progrès	el progreso
la méthode	el método
le système	el sistema
la théorie	la teoría
la loi	la ley
la donnée	el dato

Pierre & Marie CURIE
Albert EINSTEIN
1
H2O = 18
9
Σγ = 2π/3
7,421^10 × 3β = 21^20
6
3
5
7
2
BOOM
4
8

la logique	la lógica
logique	lógico

Science sans conscience n'est que ruine de l'âme (ciencia sin conciencia no es sino ruina del alma). De este modo advertía Rabelais sobre los peligros de una ciencia desprovista de criterios morales.
Con un complemento determinado se emplea la palabra *science* para expresar la forma hábil y experta de ejecutar algo: *sa science des affaires, sa science du jardinage* (su ciencia de los negocios, su ciencia de la jardinería).
Algunas expresiones: *dans l'état actuel de la science* (en el estado actual de la ciencia); *les sciences occultes* (las ciencias ocultas); *Doctorat* ès *sciences* (Doctorado en ciencias).

❑ **Sciences et techniques 2**	❑ *Ciencias y técnicas 2*
le technicien	el técnico
la technologie	la tecnología
l'éléctronique	la electrónica
l'informatique	la informática
la micro-informatique	la microinformática
l'ordinateur 3	el ordenador
le micro-ordinateur	el microordenador
la calculatrice 4	la calculadora
la puce	el chip
le clavier 5	el teclado
l'écran 6	la pantalla
l'imprimante 7	la impresora
la physique	la física
la chimie	la química
la biologie	la biología
le laboratoire	el laboratorio
le microscope 8	el microscopio
l'appareil	el aparato
fonctionner	funcionar
l'atome	el átomo
la molécule 9	la molécula

le réacteur nucléaire	el reactor nuclear
l'énergie atomique/nucléaire	la energía atómica/nuclear
la radioactivité	la radiactividad
radioactif	radiactivo
la fusée	el cohete
le satellite artificiel	el satélite artificial
le vaisseau spatial	la nave espacial
la navette spatiale	el transbordador espacial
l'astronaute	el astronauta
mettre en orbite	poner en órbita
le télescope	el telescopio
la fibre optique	la fibra óptica
le laser	el láser

Les technologies de pointe (las tecnologías punta): «Punta» se traduce por la locución *de pointe*.
Une carte à puce (una tarjeta con chip) sirve por ejemplo para llamar por teléfono.
Attention!: no debe confundirse la *technologie* (tecnología, o estudio concreto y teoría general de las diversas técnicas), con *technocratie* (tecnocracia), palabra a menudo usada de modo peyorativo para designar un sistema político en que predominan los criterios técnicos sobre los propiamente políticos.
Observe:
un ordinateur portable (un ordenador portátil).

31 LA POLITIQUE (la política)

❑ Les peuples, l'histoire	❑ *Los pueblos, la historia*
l'humanité	la humanidad
les droits de l'homme	los derechos humanos
la race	la raza
le racisme	el racismo
racial	racial
le Blanc	el blanco
le Noir	el negro
le Jaune	el amarillo
le métis	el mestizo
le mulâtre	el mulato
le créole	el criollo
l'Indien	el indio
l'Arabe	el árabe
le Maure	el moro
le Juif	el judío
le gitan	el gitano
le pays	el país
le territoire	el territorio
la frontière	la frontera
la province	la provincia
le département	la provincia
la population	la población
la nation	la nación
la nationalité	la nacionalidad
national	nacional
international	internacional
la patrie	la patria
le patriote	el patriota
patriotique	patriótico
la société	la sociedad
social	social

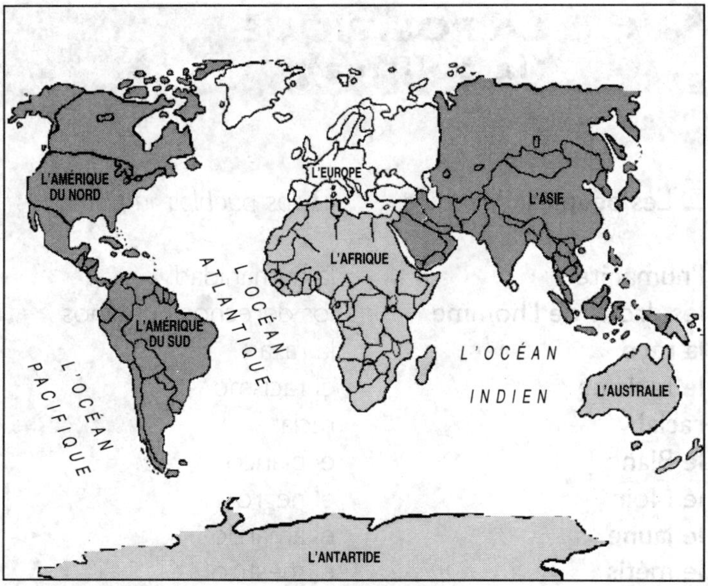

la civilisation	la civilización
la Communauté Économique Européenne	la Comunidad Económica Europea
l'Union Européenne	la Unión Europea
communautaire	comunitario

Se utiliza *l'Héxagone* (el hexágono) como sinónimo de Francia, en referencia a la forma hexagonal de su superficie. Algunas fechas históricas: *le 14 juillet* (fiesta nacional francesa en recuerdo del 14 de julio de 1789, fecha de *la Prise de la Bastille* [la Toma de la Bastilla]); *Mai 1968* (mayo de 1968, fecha de una revuelta estudiantil y de una huelga general de hondas repercusiones sociales y culturales en Francia).

❑ **L'État, le gouvernement** — ❑ *El Estado, el gobierno*

le régime	el régimen
politique	político
l'homme politique	el político
le pouvoir	el poder

puissant	poderoso
le drapeau	la bandera
la couronne	la corona
le roi	el rey
la reine	la reina
le règne	el reinado
le royaume	el reino
régner	reinar
royal	real
le palais	el palacio
le prince	el príncipe
la princesse	la princesa
la noblesse	la nobleza
noble	noble
la démocratie	la democracia
la république	la república
le président	el presidente
l'assemblée	la asamblea
le parlement	el parlamento
le député	el diputado
le ministre	el ministro
le ministère	el ministerio
gouverner	gobernar
la Constitution	la Constitución
la dictature	la dictadura
la dictateur	el dictador
l'ambassadeur	el embajador
l'ambassade	la embajada
le consulat	el consulado
le diplomate	el diplomático

El *Président de la République* (el Presidente de la República), tiene su residencia oficial en el *Palais de l'Elysée* (palacio del Elíseo), mientras que el *Chef du Gouvernement* o *Premier Ministre* (el primer ministro), tiene su residencia oficial en el *hôtel Matignon*. La prensa hace a menudo referencia al nombre de dichas sedes para referirse al órgano de gobierno: *Mati-*

→

gnon ne semble pas d'accord avec l'Elysée (Matignon no parece estar de acuerdo con el Elíseo).
El parlamento es bicameral: *l'Assemblée Nationale*, equivalente al Congreso de los diputados, cuyos miembros son elegidos por cinco años mediante elecciones legislativas, y *le Sénat* (el senado), o cámara alta del parlamento, cuyos miembros son elegidos por *l'Assemblée Nationale* y por ciertas personalidades del gobiemo, por un período de 9 años. En caso de discrepancia entre *l'Assemblée*, y *le Sénat*, puede prevalecer el criterio de la primera.

❑ **L'État et le citoyen**	❑ *El Estado y el ciudadano*
l'élection	la elección
élire	elegir
le candidat	el candidato
la campagne électorale	la campaña electoral
le vote	el voto
voter	votar
le parti politique	el partido político
conservateur	conservador
libéral	liberal
socialiste	socialista
communiste	comunista
la classe ouvrière	la clase obrera
la bourgeoisie	la burguesía
l'émigrant	el emigrante
l'émigration	la emigración
émigrer	emigrar
la colonie	la colonia
l'esclavage	la esclavitud
l'esclave	el esclavo
l'indépendance	la independencia
l'autonomie	la autonomía
la liberté	la libertad
libre	libre
le rebelle	el rebelde
la rébellion	la rebelión

la révolte	la revuelta
se soulever	sublevarse, levantarse
s'opposer	oponerse
la manifestation	la manifestación
la manif	la mani
la guerre civile	la guerra civil
la révolution	la revolución
le coup d'État	el golpe de Estado
le putsch	el golpe de Estado

Les éléctions (las elecciones); nótese la preposición de *pour qui voter?* (¿a quién votar?); *vous pouvez voter pour n'importe quel candidat* (puede usted votar a cualquier candidato); *le droit de vote* (el derecho al voto); *12 votes pour et 8 contre* (12 votos a favor y 8 en contra); *le vote à bulletins secrets* (la votación secreta); *le candidat a été élu à la majorité absolue* (el candidato fue elegido por mayoría absoluta).
El *département* es la división territorial francesa equivalente a la provincia.
Département d'outre-mer (provincia francesa de ultramar).
El territorio francés se compone de: 96 provincias metropolitanas, 5 provincias de ultramar *(D.O.M.: Département d'Outre-Mer)* y diversos territorios de ultramar *(T.O.M.: Territoires d'Outre-Mer)*.
Francia se divide también en 22 *régions* (regiones dotadas de cierta autonomía).

❑ **Principaux pays, leurs habitants**	❑ *Principales países, gentilicios*
un Français	un francés
un Breton	un bretón
un Corse	un corso
un Catalan	un catalán
un Basque	un vasco
un Alsacien	un alsaciano
un Normand	un normando
un Espagnol	un español
un Belge	un belga

un Hollandais	un holandés
un Anglais	un inglés
un Allemand	un alemán
un Suisse	un suizo
un Italien	un italiano
un Grec	un griego
un Portugais	un portugués
un Russe	un ruso
un Polonais	un polaco
un Tchèque	un checo
un Hongrois	un húngaro
un Bosnien	un bosnio
un Yougoslave	un yugoslavo
un Roumain	un rumano
un Turc	un turco
un Chinois	un chino
un Indien	un indio
un Japonais	un japonés
un Philippin	un filipino
un Algérien	un argelino
un Tunisien	un tunecino
un Marocain	un marroquí
un Maghrébin	un magrebí
un Américain	un americano; un estadounidense
un Canadien	un canadiense
un Argentin	un argentino
un Bolivien	un boliviano
un Brésilien	un brasileño
un Colombien	un colombiano
un Costaricien/ Costaricain	un costarricense/ costarriqueño
un Cubain	un cubano
un Dominicain	un dominicano
un Chilien	un chileno
un Équatorien	un ecuatoriano
un Guatemaltèque	un guatemalteco
un Hondurien	un hondureño

un Méxicain	un mexicano
un Nicaraguayen	un nicaragüense
un Panaméen	un panameño
un Paraguayen	un paraguayo
un Péruvien	un peruano
un Salvadorien	un salvadoreño
un Uruguayen	un uruguayo
un Vénézuélien	un venezolano

Attention!: la palabra *américain* se refiere principalmente a un estadounidense.